ボールと日本人

する、
みる、
つくる
ボールゲーム大国
ニッポン

谷釜尋徳

晃洋書房

はじめに

日本人は、ボールゲームが大好きです。

日本の各種スポーツ競技団体に登録されている競技者の数を見ると、上位から順に剣道（一九一万人）、サッカー（九五万人）、バスケットボール（六二万人）、ゴルフ（五九万人）、ソフトテニス（四三万人）、陸上競技（四三万人）、バレーボール（四二万人）、卓球（三四万人）と続き、大半をボールゲームが独占しています（笹川スポーツ財団「２０１８年度中央競技団体現状調査」）。実際に、競技者登録をせずにプレーしている層まで拾えば競技人口のランキングはいくらか入れ替わりますが、今日の日本でボールゲームをプレーする人が多いことに変わりはありません。

また、観戦したいスポーツのランキングでは、プロ野球（ＮＰＢ）、サッカー日本代表戦、高校野球、Ｊリーグ、メジャーリーグ、海外プロサッカー、プロテニスがトップ一〇入りしていて（笹川スポーツ財団「スポーツライフ・データ　２０１８」）、直接会場に足を運ぶ場合はもちろん、ボールゲームがテレビやインターネットのスポーツ中継の中でも有力なコンテンツであることがわかります。

いまや私たちの生活において、ボールゲームは欠かせない存在だと言えそうです。現代の日本人が愛好するボールゲームは、明治期以降になって欧米社会から日本に渡来したものです。しかし、それ以前の日本人が、ボールを使った運動競技をまったく知らなかったわけではありません。日本人は太古の昔から、ボールを蹴ったり、投げたり、道具で打ったりするスポーツを楽しんでいます。平安時代頃から江戸時代が終わりを迎える頃までの一〇〇〇年以上もの間、たくさんのボールゲームが幅広い層の人々によってプレーされてきました。

古代王朝社会が出現すると、貴族を中心に蹴鞠や打毬などのボールゲームが優雅な宮廷文化として根付きます。中世になると武力で政権を掌握した武士が、貴族の京風のボールゲームを積極的にマスターしようとしました。鎌倉・室町の歴代将軍や戦国大名、そして天皇家の中にも、蹴鞠に魅了される人々は後を絶ちませんでした。

近世は時の権力者の武士だけではなく、経済力を手にした都市の一般庶民もバラエティに富んだボールゲームを思う存分に楽しんだ時代です。スポーツが日常化した江戸では、ボールゲームの世界が質量ともに一大発展を遂げます。自らプレーするのはもちろんのこと、繁華街で行われたボールを使った曲芸は、たくさんの観客を魅了しました。

幕末の政変を経て、近代の文明開化期を迎えると、欧米社会の精神を内包した近代ボールゲームが大量に日本に入ってきますが、それは不毛地帯に突如現れた未知の代物ではありませんでした。近世までの日本型ボールゲームの伝統を下敷きに、欧米産のボールゲームを受け入れる準備は十分に整っていたからです。

人類の歴史上、世界中で多種多様なボールゲームが行われてきましたが、人の移動とともにボールゲームの文化も移動し、その土地や時代に特有の環境に包まれてアレンジが加えられていきました。こうした世界各地を駆け巡る「ボールゲームの旅」の行先の一つが、私たちが暮らす日本です。

ボールを足で扱う蹴鞠、ホッケーのようにスティック状の用具を使う打毬などは、古来より継承された日本の伝統的なボールゲームですが、いずれも元を辿れば古代に中国大陸からもたらされた輸入品です。海を越えて日本に渡来したボールゲームは、日本という外圧の少ない環境に取り込まれ、日本特有の文化に包まれて次第に異なる姿へと生まれ変わっていきました。

このように、日本人は少なくとも古代と近代の二期にわたって、海外からボールゲームを移入した歴史を持ちます。外来のボールゲームをアレンジして日本化し、新たな世界を創造していくプロセスも本書の見どころの一つです。

ところで、『ボールと日本人』と題した本書では、ボールの製造業を請け負った職人たちにもスポットライトを当てていきます。いつの時代も、プレーヤーのパフォーマンスを縁の下で支えていたのは、高度な技量をもったボール職人たちでした。ボールゲームは、職人の存在と切り離して語ることはできません。

もう一つ、本書が力を注いだのは、人間の運動技術に焦点を当てることです。古代から現代まで、日本人がどのように身体を使って巧みにボールをコントロールしてきたのかをできる限り描き出します。「昔の人は、どう動いたのか？」という、スポーツの歴史を語る上での素朴かつ興味の尽きない疑問に迫っていきましょう。

本書は「ボール」を軸に据えて、日本人の営みを古代、中世、近世、近代そして現代へと、時代を貫いて考察する本邦初の試みです。日本のボールゲームの歴史はもちろんのこと、するスポーツの歴史、みるスポーツの歴史、政治経済の歴史、職人によるモノづくりの歴史、人や物流の移動の歴史など、「ボールにまつわる日本史」が浮かび上がってきます。

『ボールと日本人』が織りなす、知られざる物語をお楽しみください。

目次

第1章

ボールと日本人の出会い

雅な貴族スポーツの時代

1　古代貴族のスポーツ　◉外来スポーツの伝来

スポーツの語源には「遊び戯れること」という意味があります[1]。そのため、スポーツを広義に捉えれば、それは「遊び」に関わる事柄の全体を包括する概念だと考えることも可能です。仮に、現代的な意味に近づけて、身体を動かして遊ぶことを「スポーツ」と呼んだとしても、それは人類の歴史とともに古いことは容易に想像がつきます。

ただし、「文字」という文化を持たない時代のスポーツを知ることは、そう簡単ではありません。多くの場合、私たちは文字を介して歴史を理解しているからです。もっとも、考古学の成果によって日本の縄文・弥生時代の生活の痕跡は数多く出土していますが、文字による解説が期待できない時代のスポーツの輪郭をあぶり出す作業は、いまだに飛躍的な進歩の段階にはないようです。

日本では、スポーツの世界が文字によってある程度確認できるようになるのは、古代文明が興ってからのことです。天皇や上層貴族にまつわる記録の中に、スポーツの痕跡が確かめられるようになります。文字文化を持っていたのは為政者だった上層の貴族たちなので、私たちが知ることのできる古代のスポーツとは優雅な貴族文化に包まれたものが大半です。ただし、古代の日本において、貴族のスポーツだけが質量ともに優勢だったとまでは断言することはできません。文字や絵画などの歴史資料としては残らなくても、名もなき一般庶民たちの方が、実は存分にスポーツを楽しんでいたかもしれないからです。こうした歴史の見方に注意しながら、本章ではスポーツを優雅な趣味として楽しむ術を見出した貴族たちを中心に、古代のボールゲームの世界を覗いてみましょう。

古代文明が興る以前の日本では、スポーツは概ね共同体の中で生活に密着した行為として営まれていました。縄文・弥生時代の人々によるスポーツ的な活動は、狩猟、農耕儀礼、呪術的儀式など労働や生活の中に溶け込んだものでした。それが、貴族を中心とする古代王朝社会が出現すると、スポーツは生産や呪術から解放されてスポーツそのものとして楽しまれるようになり、貴族を担い手とする優雅な趣味の世界が築かれます。彼らの世界観から呪術的な行為が消滅したわけではありませんが、生産労働と直接関わりのない有閑階級だった貴族は、余暇を消費する手段として純粋に没頭できるスポーツを重宝したのです。だから、海外から外来文化が伝わると、その中に含まれたスポーツにも貴族は大いに関心を示しました。

この時代は、西域で発達したスポーツ文化が中国や朝鮮半島を経由して日本列島に伝わったため、貴族は外来のスポーツにいち早く触れることになりました。海路に乗って渡来したスポーツには、アウトドアのものとして蹴鞠《けまり》、打毬《だきゅう》、競渡《けいと》、鷹狩りなどが、室内のものとしては盤上遊戯や投壺《とうこ》などがあります。このうち、競渡とはボートレース、投壺とは壺を目掛けて矢を投げ入れる競技です。

この時代の貴族は、すでにスポーツを観覧するという楽しみ方を知っていました。貴族の「みるスポーツ」の代表格は、宮廷の年中行事として行われた節会《せちえ》スポーツです。節会とは、古代の朝廷で天皇が群臣を集めて主催する宴会を指します。そこでは、徒歩で弓を射る賭弓《のりゆみ》、馬上で射る騎射《うまゆみ》、馬の速さや馬術を競う競馬《くらべうま》、格闘技の相撲《すまい》など、多種目におよぶスポーツ競技が実施されていました。本章で取り上げる蹴鞠や打毬といったボールゲームも、観戦の対象となっています。

もう少し範囲を広げて、古代の日本に存在した遊び事の一部を拾い上げてみましょう。一〇世紀前半の遊戯について記した書物に『倭名類聚抄《わみょうるいじゅしょう》』があります。醍醐《だいご》天皇の皇女勤《きん》子《し》内《ない》親王の命により源順が編纂したもので、日本最初の百科辞典とも言われています。

同書の「雑芸類」の項には、投壺、蔵鉤《ぞうこう》、打毬、蹴鞠、競渡、競馬、鞦韆《しゅうせん》、囲碁《いご》、弾碁《だんぎ》、樗蒲《ちょぼ》、八道行成《やすかり》、雙六《すごろく》、意銭《いせん》、弄槍《ほこゆけ》、弄丸《ろうがん》、相撲、相扠《たがえし》、相搋《こぶしうち》、牽道《みちくらべ》、擲倒《かえりうち》、闘鶏《とりあわせ》、闘草《くさあわせ》、拍浮《おふす》といったラインナップが並んでいます。[2] このうち、蔵鉤は拳を使ったゲーム、鞦韆はブランコ、囲碁、弾碁、八道行成、雙六は盤上遊戯、樗蒲はダイスゲーム、意銭は離れた場所から銭を投げる的当て、弄槍と弄丸は曲芸、相扠と相撲は拳闘の種類、闘草は珍しい草を持ち寄って優劣を比べるものでしょう。

これは編者の源順が調査した遊び事を抽出したものですが、古代社会のスポーツの概略を知るには十分です。ここに記された遊戯の大半が中国ないし朝鮮半島から伝わっていますが、一〇～一一世紀にかけては日本で独自に考案され、日本風に改良された遊び文化も生み出されてきます。(3) ちょうど、遣唐使の廃止など日本が国交を閉ざした時期と重なりますが、海外に目を向けなくなった分、貴族たちは独自の文化を創造することに熱心になり、外来スポーツにアレンジを加えながら優雅なスポーツライフを謳歌したというわけです。

古代貴族のスポーツを概観するうえで注目すべきは、この時代の前半にはたくさんのスポーツが海外から輸入されていたという事実です。日本人は明治時代以降に欧米から大量の近代スポーツを取り入れて今に至りますが、これを遡ることおよそ一〇〇〇年前に、第一期の外来スポーツの到来があったのです。

後世になって、中世の武士が貴族のスポーツを取り入れ、その多くが近世の庶民層にまで受け継がれていることを考えれば、古代の宮廷スポーツとは日本の伝統的なスポーツのルーツだと見なすことができます。しかも、その多くは大陸由来の外来スポーツでしたので、一九世紀の開国を待つまでもなく、古代日本のスポーツ界は国際的な視点を持っていたことにもなるでしょう。

私たちは、日本のスポーツ界が海外に目を向けるようになったのは明治期以降のようにイメージしがちです。もちろん、欧米由来の近代スポーツに限って言えば間違いではありませんが、本書で取り上げるような日本のスポーツの歴史を振り返ると、スポーツに対する国際的な眼差しはすでに古代社会の中に芽生えていました。

2　ボールに魅せられた貴族たち

◉蹴鞠と打毬

大陸から渡来したスポーツの中には、ボールを使って楽しむ「ボールゲーム」が含まれていました。ボールゲームに魅せられた貴族がこの外来スポーツに熱中した模様は、記録にも残されています。

日本のボールゲームに関する古い記事は、『日本書記』にまで遡ります。皇極三（六四四）年正月、法興寺（飛鳥寺）で中大兄皇子と中臣鎌足が「打毱《くえまり》」の会を通じて急接近し、大化改新の政変へと繋がっていったというエピソードがあります。(4) 中大兄皇子の履物が脱げ、中臣鎌足がそれを拾い上げて捧げたというのです。この時、彼らがプレーしていた「打毱」という競技がボールを蹴る「蹴鞠」だったのか、ボールを打つ「打毬」だったのか、はたまた全く別の球戯だったのか、実は定説はありません。とはいえ、この時代の日本の貴族社会にボールゲームが存在し、社交の手段として機能していたことは読み取れます。

蹴鞠と日本人の出会い

①　中国で生まれた二つの蹴鞠

日本の蹴鞠は中国に起源があります。古代中国の蹴鞠は、兵士の軍事訓練として発達しました。漢代（紀元前二〇六～二二〇）までの蹴鞠は、毬門《きゅうもん》と呼ばれるゴールに入れた点数を競う対人競技で、今日のサッカーに近いボールゲームでした。鞠城という専用グラウンドもあったそうです。唐代（六一八～九〇七）以降は「白打」というゴールのないパスゲーム形式の蹴鞠も出現し、女性や子どもも競技に参加するようになります。[5]

中国の蹴鞠のボールは、当初は毬の中心に毛を詰め込んだものが使われていましたが、唐代になると製法の革命が起こり、空気を吹き込んで作る「気球」が開発されます。空気の入ったボールは従来品よりも弾みが良く、競技の様相にも変化が見られたそうです。[6] ボールゲームのプレーは使用球の構造や性能によって制限されるので、唐代に起きたボール革命は蹴鞠の発展にとって大きな意味を持っていたことになります。

ゴールの有無で分けられる二つの形式のうち、日本に伝わったのは唐の時代に現れた白打の方でした。だから、私たちは蹴鞠と言えば複数人でパスを繋ぐ球戯をイメージするわけです。

② 蹴鞠の伝来の謎 ——大化改新の仲介役は「蹴鞠」だったのか

本章の冒頭で述べたように、『日本書紀』は皇極三（六四四）年に「打毬」の会が催されたことを伝えています。このボールゲームが蹴鞠のことを指しているなら、蹴鞠は少なくとも七世紀中頃には日本に伝来していたことになります。日本の遣唐使が、出現して間もない蹴鞠（白打）を中国から持ち帰り、それが貴族社会に瞬く間に広まっていったのなら理解はできますが、そこまで都合のよい解釈が成り立つものでしょうか。

図１－１　中国の明代の蹴鞠
（『三才図』）

『日本書記』の記録は「蹴鞠」を指すという考えが一般的ですが、必ずしもそうとは限りません。むしろ、この会合に登場するボールゲームは蹴鞠とはまったく別の代物で、それよりもっと後年に遣唐使などを通じて蹴鞠という外来スポーツを摂取したと考えることもできます。ただし、現存日本最古の公事書と言われる『本朝月令』は、大宝元（七〇一）年五月五日に「蹴鞠会」なるものが催されたと伝えているので、(7)『日本書記』の蹴鞠説もまったくの的外れとは言えません。蹴鞠の伝来にまつわる謎は深く、興味は尽きません。

ともあれ、事の真意を明らかにすることが本書の主な目的ではないので、ここでは古代の日本人がパス形式の蹴鞠をどのようにプレーしたのかを見ていくことにしましょう。

③　蹴鞠というボールゲーム

日本の蹴鞠は、数名のプレーヤー（「鞠足《まりあし》」と呼ばれた）がボールを地面に落とすことなく蹴り上げて、連続的に受け渡していくパスゲームです。競技場は「鞠庭」と呼ばれ、四隅には四季を表す樹木（松・桜・柳・楓）を植える定めがありました。この「懸《かかり》の木」は花鳥風月を愛でる平安貴族の雅心を反映していますが、一面ではプレーグラウンドの境界線の役割を果たしました。また、ボールが枝葉に触れると不規則な変化球が発生してコントロールが難しくなるなど、競技をより面白くするエッセンスにもなっていたのです。この障害物を克服するために、より高度な技術が創出されることにもなりました。(8)

蹴鞠は八人で行う形式が一般的で、ボールを順番にノーバウンドで蹴り上げ続け、その回数を伸ばすことを目的とします。チーム対抗で回数を競う「勝負鞠」もありました。ボールは右足で蹴るルールで、一人が複数回のキックで次のプレーヤーにパスを送り、これが八人の間で繰り返されます。サッカー選手のようにボールを前方に強く蹴る必要はなく、ボールを巧みにコントロールして垂直方向に高く上げ、人に鞠を送るときには緩く受け取りやすいパスを蹴る高度なテクニックが要求されました。一人が続けて鞠を蹴る回数は、三回が最も適切だとされていました。一回目で他者からのパスをトラップし、二回目は自分で真上に蹴り上げ、三回目に次のプレーヤーにパスをするのが通常の慣わしです[9]。

ボールを繋ぐ回数を増やすために、鞠足たちは個人技はもちろんチームプレーも重視していました。上がった鞠の高さや強さを知らせるコールサインがあったほか、ボールの飛んだ位置に応じたポジション移動を示すフォーメーションまであったそうです[10]。こうした技術・戦術的な要素が史料上で明確になるのは、芸道としての蹴鞠が確立する中世に入ってからのことでした。

④　貴族社会の蹴鞠

貴族の蹴鞠が史料に頻繁に登場するようになるのは一〇世紀頃のことです。古い記述では、延喜五（九〇五）年三月二〇日、仁寿殿で宮廷貴族による蹴鞠の会が行われています[11]。この時、「二百六度揚不堕」（二百六度揚げて堕ちず）つまり二〇六回ノーバウンドで鞠を蹴り上げるという好記録を打ち立てたことが併記されています。天暦七（九五三）年には、蹴鞠の熟練者一一名を宮中に招いた蹴鞠の会が催され、このチームは「五百二十度揚不堕」（五百二十度揚げて堕ちず）なんと五二〇回という大記録を樹立して褒美を与えられたそうです。[12]

ここで注目したいのは、蹴鞠の出来栄えがたんなる主観的な感想にとどまらず、二〇六回、五二〇回などといった客観的に確認できる数量（回数）と合わせて伝えられていることです。当時の人々は、パフォーマンスを数値化して評価する思考をすでに持ち合わせていたことになります。数量的な合理主義によって編み上げられた西洋の近代スポーツを先取りする思考が、一〇〇〇年以上も前の日本には芽生えていました。

ただし、彼らは鞠を蹴り上げた回数だけを問題にしていたわけではありません。そこには、貴族に相応しい品位のあるマナーやルールが定められていました。それは、腕力を売り物に台頭してきた武士層と一線を画そうとする、支配者としての慎重な配慮でもあります。[13]

『源氏物語』には、貴族の蹴鞠の様子が描写されています。競うようにして必死に蹴鞠をする血気盛んな若者たちに混じって、涼しい顔で誰よりも華麗な足さばきを見せた人物の優雅さが記されています。[14] 記録の追求に終始する態度は下品と見なされ、ハイレベルなテクニックと合わせて優雅な振舞いが要求された貴族社会の情景が透けて見えてくるようです。

応和二（九六二）年四月二八日と六月一七日には、天皇が侍臣《じしん》（君主の側に仕える家来）達のプレーする蹴鞠を観覧したことがわかっています。[15] この時代、宮中では貴族の蹴鞠がすでに「みるスポーツ」として成立していたのでしょう。

院政時代以降、天皇や上皇などの権力者が臨席、あるいは自らプレーする鞠会が貴族社会に定着すると、技法、作法、装束、施設、用具など、さまざまな面での故実が固定されていきました。[16] それまでは、多様な身分の人々が蹴鞠を楽しんでいたようですが、一一世紀から一二世紀初めにかけては上層貴族が専有するスポーツになります。

この頃になると、蹴鞠の達人と称賛される貴族も登場します。一二世紀前半に活躍した公卿の藤原成道は、「鞠聖《きくせい》」として後世に名を残した蹴鞠界のレジェンドです。鎌倉時代の説話集『古今著聞集』には、成道の蹴鞠の達人ぶりが示されています。同書には、「侍従大納言成道卿の鞠は、凡夫のしわざにはあらざるけり」[17] つまり、成道の蹴鞠技術は常人のレベルを超越しているとの一文が見えます。

『成道卿口伝日記』によれば、藤原成道が蹴鞠を行ったのは通算七〇〇〇日で、そのうち一日も欠かさずに蹴鞠を続けた日数は二〇〇〇日におよんだそうです。この間、病気の時は床に伏しながらもボールを足にあて、屋外に出られない大雨の時は大極殿で蹴り続けました。[18] 三年間以上、休養日を取らずに蹴鞠をしていたことになり、現代の感覚では明らかにオーバーワークです。「鞠の精」が成道の目の前に現れたというエピソードもあります。[19] 真意のほどはともかく、成道は明けても暮れても蹴鞠の稽古を欠かさなかったのでしょう。

蹴鞠に限らず、宮廷の貴族スポーツは天皇制の確立とともに儀式化されたところに特徴がありまし

図１－２　源氏物語に登場する蹴鞠のイメージ
（『源氏物語絵色紙帖　若菜上　詞菊亭季宣』）

た。自由奔放な運動競技というよりは、朝廷の庇護を受けて発達したものだったのです。だからこそ、高貴な立場の人物に「みせる」ことを前提にした技術が生まれ、ショー的な要素も加味されていったと考えることができます。

⑤　ボールを蹴った僧侶たち

古代末期になると、蹴鞠は宮中の上層貴族だけの持ち物ではなくなっていました。京都の高雄山神護寺を再興した文覚上人は、僧侶が守るべき規則として元暦二（一一八五）年に『四十五箇条起請文』を定めました。文覚は寺中での博奕《ばくち》を厳禁として、これを永久に制止すると通達します。その博奕の中には囲碁、雙六、将棋、蹴鞠などが含まれていました[20]。

この手の禁令に近いルールが設けられる時、多くはそれに対応するような封じ込めたい事実の存在があります。だとすれば、政権交代前夜の平安末期には僧侶も蹴鞠を楽しんでいたこと、さらには蹴鞠の勝敗の行方がギャンブルの対象になっていたことが見え隠れするわけです。あえて起請文の中に具体的な文面が盛り込まれていることは、僧侶が熱心に「蹴鞠賭博」をしていた事情を物語っています。もっとも、僧侶たちの蹴鞠は貴族層が定めたオフィシャルルールに則ったものだとは言えず、数名でボールを蹴り合う蹴鞠らしき遊戯だったことは想像に難くありません。

中世ヨーロッパでも、僧侶はボールゲームを大層好んだそうです。[21] 洋の東西を問わず、僧侶はボールゲームを好む性質があるのでしょうか。

図1－3　平安末期の貴族の蹴鞠（『年中行事絵巻』）

打つボールゲームの伝統

①　ペルシャから中国へ

今日、野球、卓球、テニス、バドミントンなど、日本人はボールを「打つ」スポーツを楽しんでいます。日本人が打撃型のボールゲームと出会ったのは古代に海外から持ち込まれた打毬が早い例です。それでは、この輸入品はどのようにして生まれ、島国の日本に伝播したのでしょうか。

打毬は古代西アジアのペルシャ世界で誕生した騎馬競技で、日本には飛鳥時代から奈良時代にかけて中国大陸から伝わりました。西洋のポロと起源を同じくするものです。[22] 打毬の発祥は、紀元前五～六世紀の頃、ペルシャのダリウス大王が騎兵隊を編成して、武術訓練の手段として騎馬球戯を行った時点に遡るそうです。[23] ペルシャでは「スポーツの王」と考えられていたほど権威あるスポーツでした。[24]

ペルシャ発祥のこのボールゲームは、交易路に乗って東西に伝播していきます。西の世界へと広まったペルシャ産の騎馬球戯は西洋人の手によってポロというスポーツに生まれ変わり、ついにはオリンピック種目の座を射止めます。第二回オリンピック競技大会であるパリ大会（一九〇〇）を皮切りに、ロンドン大会（一九〇八）、アントワープ大会（一九二〇）、パリ大会（一九二四）、ベルリン大会（一九三六）で種目に採用されました。起源を同じくしながら、西洋に向けて枝分かれした側が一時的とはいえ国際スポーツに参入していることは興味深い事実です。アジア発祥の運動競技が、ヨーロッパ近代の合理主義に適合するような代物へと編み上げられていった典型例として捉えることができます。

一方、この騎馬球戯はシルクロードを通って東側にも伝わっていきます。二世紀、漢の献帝（在位一八九～二二〇）の時代に中国へもたらされました。ペルシャから中国への伝播経路については諸説あり、定説はないようですが、[25] 馬球《ばきゅう》、撃鞠、撃毬などと呼ばれたこのボールゲームは、とくに唐代

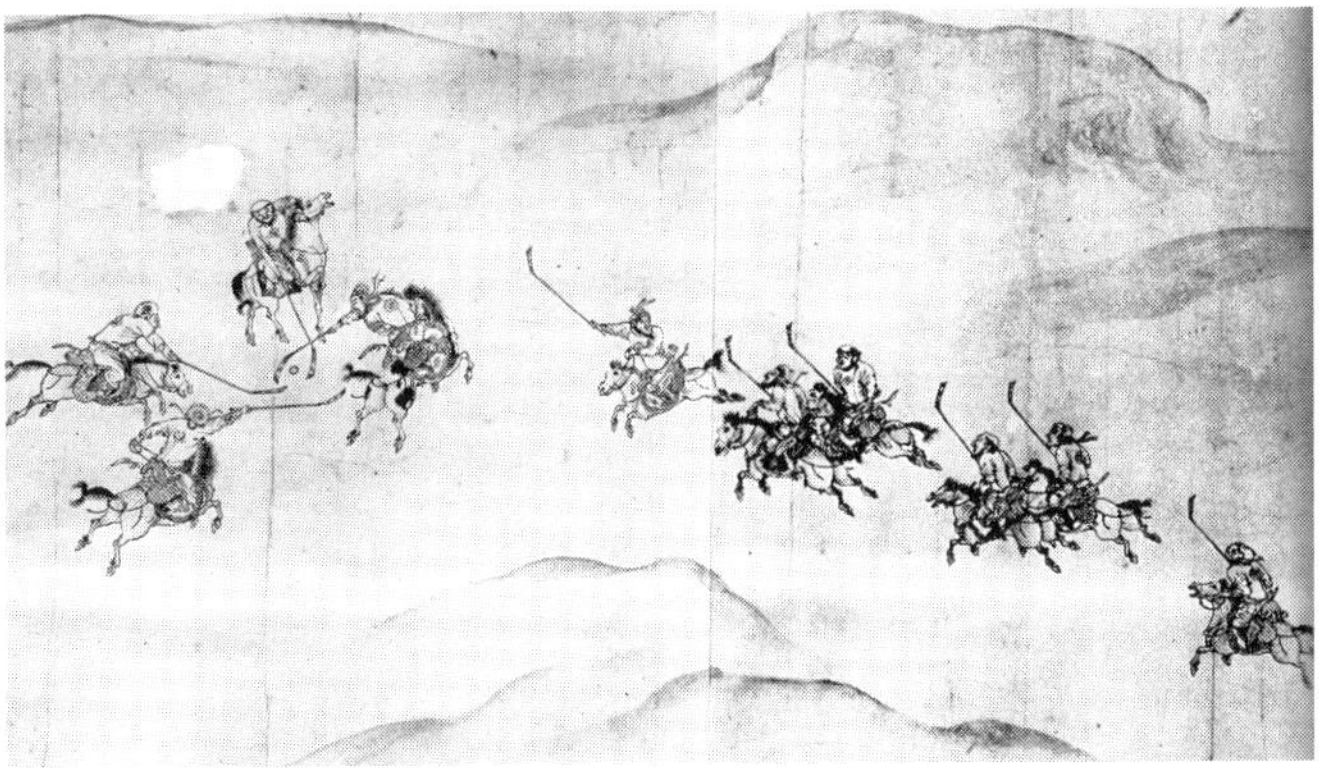

図１－４　中国の遼代の馬球（『便橋会盟図』）

に隆盛期を迎えます。[26]

中国唐代の馬球は、騎乗して球杖を持ち、球技場を走りながら、こぶし大の硬い木の球を打ち、球門（ゴール）に入れた得点を競うもので、球門が一つのパターンと二つ設置されるパターンがありました。[27]

唐代の中国には、騎馬スタイルだけではなく、歩きながら杖で球を打つ「歩打毬」も存在しました。現在のグランドホッケーを思わせるスポーツです。これを対人形式から非対人形式に改良し、ゴールの形態を球穴（ホール）にしたものが「捶丸《すいがん》」です。[28]中国版のゴルフとでも言えるでしょうか。

② 打毬の伝来

ペルシャで誕生した打毬は、長い時間をかけて遠く日本の地にも到達しました。

打毬の我が国への移入は、雅楽の「打毬楽《だきゅうらく》」にはじま

図1－5　中国の明代の捶丸（『仕女図』）

ります。打毬楽とは、杖を手に持ち、毬を打つ様子を舞にした正月の芸能で、西アジアから中国に伝わった騎馬球戯がモチーフです。

『萬葉集』によれば、神亀四（七二七）年の正月、春日野で王子達が集まって「打毬の楽」をして遊んだそうです[29]。これが文献上の初出だとされています[30]。実際に、打毬が日本にいつ頃伝来したのか正確なことはわかりませんが、遅くとも奈良時代の八世紀初頭には日本人は打毬というボールゲームと出会っていたと考えてよいでしょう。

それから約一〇〇年後、弘仁一三（八二二）年の正月、渤海《ぼっかい》国の使節が豊徳殿で「打毬」を披露したという記録が残されています[31]。この時、渤海人が披露した打毬とは、球杖を持って球を打ち球門に入れるような、大勢のプレーヤーで点数を競うゲームで、騎馬競技だったそうです[32]。

渤海国は、七世紀末から一〇世紀初期まで、中国東北地方の南東部から朝鮮半島北部の沿海州を領

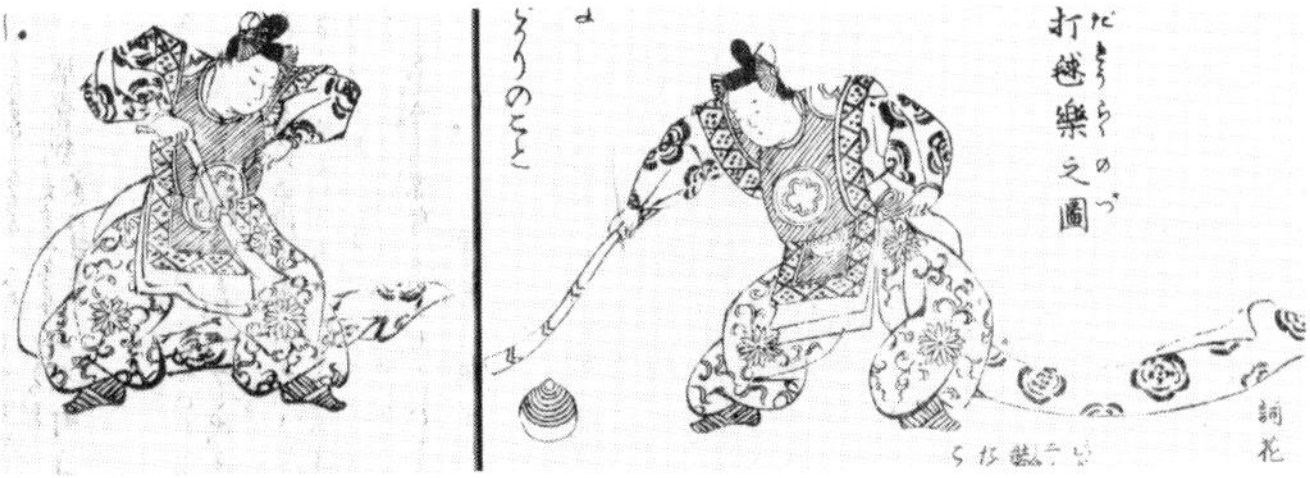

図１－６　古代の打毬楽のイメージ（『骨董集』）

域とした国です。八世紀初頭から日本に向けて使節を派遣するようになり、交易も盛んでした。もしかすると、中国の唐代に隆盛を極めた打毬が渤海国へと伝わり、これが朝鮮半島経由で日本に伝えられていた可能性もあるわけです。打毬が中国から直接輸入されたのではなく、渤海人を経由して日本に伝わったということは、一つの有力な説にもなっています[33]。あるいは、中国からも、渤海からも、二段構えで打毬が移入されていた可能性も否定はできません。

スポーツを通じた海外との文化交流は、古代日本のスポーツ史を象徴する出来事だと理解しておきましょう。

③　貴族の打毬

このようにして、大陸から日本へ打毬が伝わりましたが、遊牧民たちが生み出した勇壮な騎馬打毬を日本人はどのようにプレーしたのでしょうか。承和元（八三四）年五月には宮中で打毬が行われた形跡があるものの[34]、これが騎乗して行うボールゲームだったかどうかは定かではなく、プレーの模様も明らかではありません。

騎馬打毬の様態が記録として確認できるようになるのは、一〇世紀半ばのことです。源高明が朝廷儀式の仕来りをまとめた『西宮記』には、天暦九（九五五）年五月に宮中で行われた打毬の様子が詳しく描写されています。同書の説明によると、五月六日に武徳殿の馬場で行われた打毬では、競技者は二手に分かれ、大臣の投げ込む球を打って馬場の両端に立てられた自軍の球門に入れ、勝負を争ったそうです。[35]二つのチームがグラウンドの両端に設置されたゴールへの得点をめぐって攻防を展開した、対人形式のボールゲームだったことが浮かび上がってきます。『西宮記』が伝えるルールから想像するに、当時の貴族社会では、大陸で発展した騎馬打毬をほぼ忠実に再現していたのでしょう。

時代は前後しますが、右大臣の藤原師輔の日記『九暦』には、天慶七（九四四）年五月の打毬の様子が順を追って記されています。まず、内匠寮《ないしょうりょう》が作った二〇個の「球子」（ボール）を机上の箱の上に盛り、殿の南庭に立った左近権少佐の藤原敦敏がその球を取って大臣の前に置きました。左近右近の将監をはじめ左右の兵衛の官人が各々左右に馬を牽き、左右の陣の後に立ち、右大臣が投げ込んだ「毬子」（ボール）を両チームが競って打ち合いました。勝負が決すると、雅楽寮の者が楽を奏でたそうです。[36]

このような記録を見ると、遅くとも一〇世紀の中頃には、打毬も宮廷での観覧に供する行事として定着していたことがわかります。蹴鞠の項でも述べたように、すでに当時の日本には「みるスポーツ」の文化が存在したと言えそうです。

打毬は、四衛府《しえふ》など宮廷の武士によって、平安時代の初期から中期にかけて五月に催される端午の行事の余興として行われていました。宮廷行事としての打毬は、騎馬の衛府官人らがプレーヤーとなって、競馬、騎射と並ぶ「武事的技芸披露」という社会的意義を獲得します[37]。

騎馬打毬をプレーするには高難度のテクニックが要求されました。騎乗した状態で、片手で手綱を握り、もう一方の手に持った打具を操って地面のボールを打撃することは簡単ではありません。これは、片手で武具を扱いながら片手手綱で馬を操る訓練にもなります。また、対人競技という性質から馬を寄せて敵をディフェンスする局面も出現しました。騎馬打毬とは、巧みな手綱さばきと打具の操作技術が試されるハイパフォーマンスなボールゲームだったのです。

④　さまざまな階層への普及

打毬をプレーしたのは、宮廷に属する武士だけではありませんでした。『西宮記』には康保二（九六五）年六月七日に、競馬の年中行事と並んで子どもたちによる「歩行」での打毬が行われたとあります[38]。後述する一般庶民による毬杖は、この形態が俗化したものでしょう。

平安中期に成立した『宇津保物語』には、「馬弓はてて、舎人ども駒形わきて舞ひあそぶ。あるじのおとゞ、大いなる毬を舎人どもの中に投げ出だし給ふ。舎人ども毬杖をもちて遊びて打ち、勝ちては舞ひあそぶ。[39]」との一文があります。五月五日に源正頼邸で騎射が行われた後、舎人《とねり》たちが「駒形」という高麗楽を舞い、続いて打毬を楽しんだようです。舎人とは天皇や皇族などの側で雑務や警護をした下級官人のことですが[40]、彼らが「毬杖」を手にボールを追いかけて打ち合い、勝敗の行方に一喜一憂した様子が伝わってきます。

古代貴族を中心に行われた打毬は、一〇世紀末頃を境に史料の世界からは姿を消してしまいました。地方武士団が台頭したことにより、宮廷の武士が衰退したことが一つの理由だそうです[41]。来たる中世の足音が、打毬という優雅なボールゲームをかき消していきました。

打毬が本格的に復興を遂げるのは、一八世紀の徳川吉宗による武芸奨励策を待たねばなりませんが、それは第3章で詳しく見ていくことにしましょう。

3　ボールを打った庶民たち

庶民が愛したボールゲーム

大陸から伝来した打毬を受け継いだのは貴族でしたが、この魅力あるボールゲームは庶民にも形を変えて親しまれていました。馬には乗らずに徒歩で行う「毬杖《ぎっちょう》」という競技です。二つのチームに分かれたプレーヤーが打具（毬杖とも呼ばれました）を手に持ち、ボールを打ち合いました。

毬杖は古代から近世初期まで一般庶民、とくに子どもの間で継承されていきますが、近世に活躍した遊戯論の識者たちは、毬杖は打毬から派生した競技だと理解していました。喜多村信節《きたむらのぶよ》の「毬杖ぶりぶりの遊は、打毬より起る。(42)」、山東京伝《さんとうきょうでん》の「毬杖ハ元打毬の変風なるべし(43)」といった説明がこれに該当します。彼らの説が正しければ、毬杖は貴族が愛した打毬の一般庶民バージョンだったと考えることができるでしょう。やはり、ペルシャから中国大陸を経て日本に到来した外来スポーツの系統です。

古代の庶民が楽しんだ毬杖とは、どのようなボールゲームだったのでしょうか。残念なことに、識字率の高くなかった古代の庶民が、自らがスポーツに入れあげる模様を文字で書き残す機会はほとんどなかったと見え、史料によって確認することは難しいようです。

そこで以下では、文字ではなく絵画の世界に手がかりを求めてみましょう。平安末期の公家の年中行事や民間の歳時風俗を描いた『年中行事絵巻』には、庶民の正月遊びとして毬杖が登場します。

絵巻の中の毬杖

絵巻には、人々がボールを打ち合う姿がいきいきと描写されています（図1－7）。画中の真ん中にボールが飛んでいますが、ボールの後ろに尾を引くように墨で線が描かれ剛速球であることが表現されています。見たところ、一個のボールを両チームで打ち合う競技形態だったようです。向かって

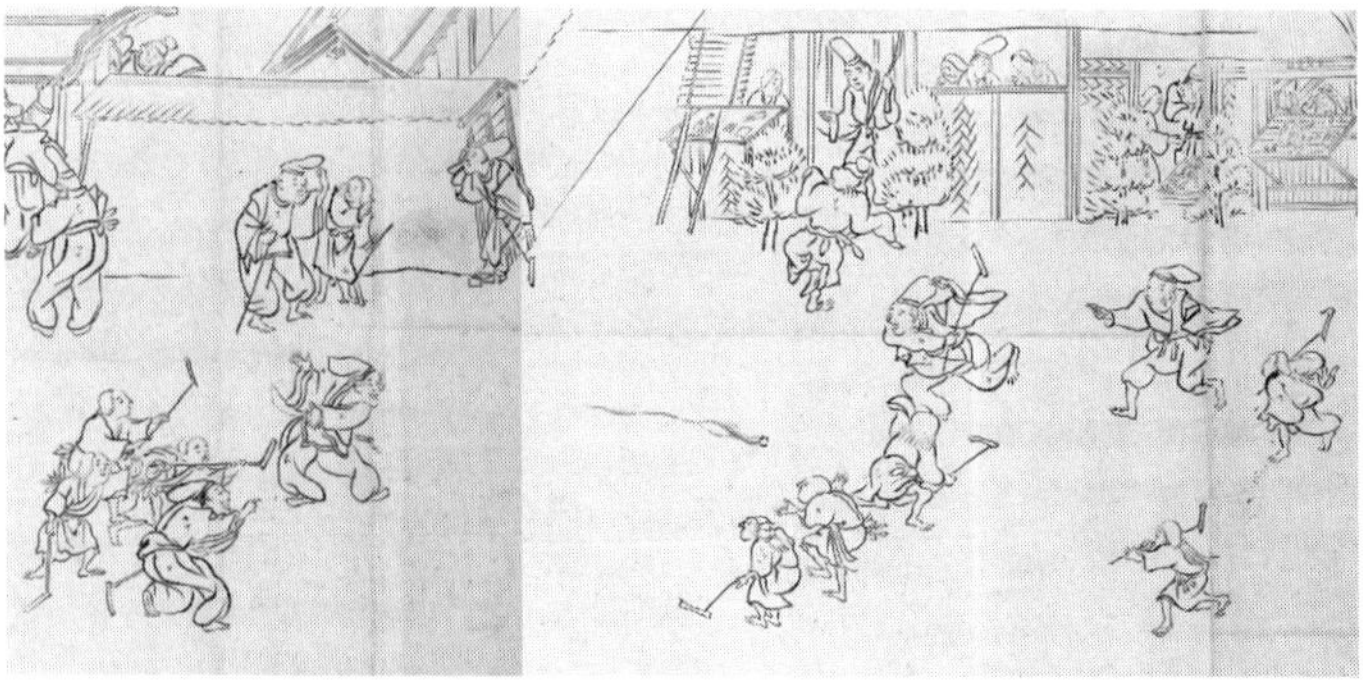

図1－7　平安末期の毬杖（『年中行事絵巻』）

左側のチームが飛ばしたボールを、右側のプレーヤーたちが打ち返そうとしている場面でしょうか。

参加者の多くが手に持っている打具（毬杖）の先端には、持ち手と直角に取り付けられた打突部位があり、ボールを捉えやすい形状になっています。幅の広い側面でボールを打っていたのでしょう。ボールの材質や形状は定かではありませんが、民俗学者の宮本常一はこれを「石」だと説明しました(44)。

ただし、このボールは木製だった可能性も捨て切れません。岡山県の鹿田遺跡からは平安時代末期の「毬杖球」が発掘されていますが、それは「クヌギの枝」を削って作った球形の木製ボールでした(45)（図1－8）。サイズは最大長四・八cm、最大幅五・一cm、最大厚四・六cmで、面取り加工が施されていたそうです(46)。

もしも、ボールが地面を転がるように飛んでくるなら、ゴルフのように体を横に向け、打具を振り上げた反動で強打するのが合理的なバッティング技術だと想像できます。ただし、向かってくるボールをダイレクトに打ち返していたのか、いったん体の前でボールの勢いを静止させてから体勢を整えて打突していたのかは明確ではありません。描かれた動作から予想するなら、ボールの近くにいる二人のプレーヤーがバックスイングのように打具を振り上げているので、直接的に返球していたようにも思えます（図1－9）。

一枚の絵から読み解くことは難しいのですが、ホッケーのように攻防のプレーヤーが入り乱れている様子はありません。仮想のセンターラインを境に、二つのチームが向かい合っている格好です。この絵を見る限り、ゴールの存在は確認できませんので、ホッケーというよりも、テニス、卓球、バドミントンなどのように、打具を使って相手チームに返球されないようにボールを打ち込む形態のスポーツだったと考える方がしっくりきます。

図1－8　鹿田遺跡から出土した毬杖のボール

出典：『岡山大学埋蔵文化財調査研究センター報』26号、2001、p. 1

図1－9　ボールを打ち返すプレーヤー

競技の群衆の中に

は、子どもと大人の姿が混在しています。子どもの正月遊びの印象が強いとはいえ、大人の参加人数やエキサイトする様子からすると、子どものボールゲームに大人が参入しているのか、その逆なのか、判然としません。老若男女の区別なく行われた、庶民の社交スポーツだった可能性もあります。

子どもたちの腰には、一様に葉っぱのような物体が付けられています（図1－10）。これは、ゆずり葉（親子草）といって、子孫繁栄を願う縁起物です。毬杖が正月の習俗だったことがうかがえる一つの事例です。(47) 競技に使った打具は、正月が過ぎると焼き捨てる慣習もありました。(48) この儀式は「三毬杖《さぎちょう》」と呼ばれ、もともとは悪霊退散の意味合いがあったそうですが、今では無病息災や五穀豊穣を願って正月の縁起物を燃やす行事として、全国各地に「左義長《さぎちょう》」「どんど焼き」などの名前で残っています。

競技者と観客の境界

毬杖をする群衆の中には、打具を持たない人物も複数確認できます。競技空間にまで割り込んできた熱心な観客なのか、各チームを応援して賑やかすサポーターなのか、あるいはプレーヤーの一人だったのか、はっきりとはわかりません。

打具を持たなくても、素手で競技に参加し、ボールを相手陣地に向けて投げつける役割の者がいた可能性はあります。図1－11をよく見ると、左側の男が右側のチームに対してボールを投げ込んでいるようにも解釈できます。『年中行事絵巻』の作者が人間の身体運動をどれだけ忠実に描き切っているのかは不明ですが、絵を見る限りでは、二つの投球フォームが想定されます。一つは、左手のオーバースローないしサイドスローの投球フォームです。この人物が左投げなら、野球の左投げのピッチャーのようにボールを投げ、その勢いでボールの進行方向に体を反転させると左足が前方に着地する格好になり、フォロースルーは絵巻の描写に近い体勢になります。

もう一つは、この人物が右手でボールを投げているという解釈です。左足を前に置いたまま、体の後方で右手からボールを手放すと、やはり絵巻のような恰好になります。ただし、このフォームではスピードボールを投げ込むことは難しいので、作者がボールに墨で尾を引いて

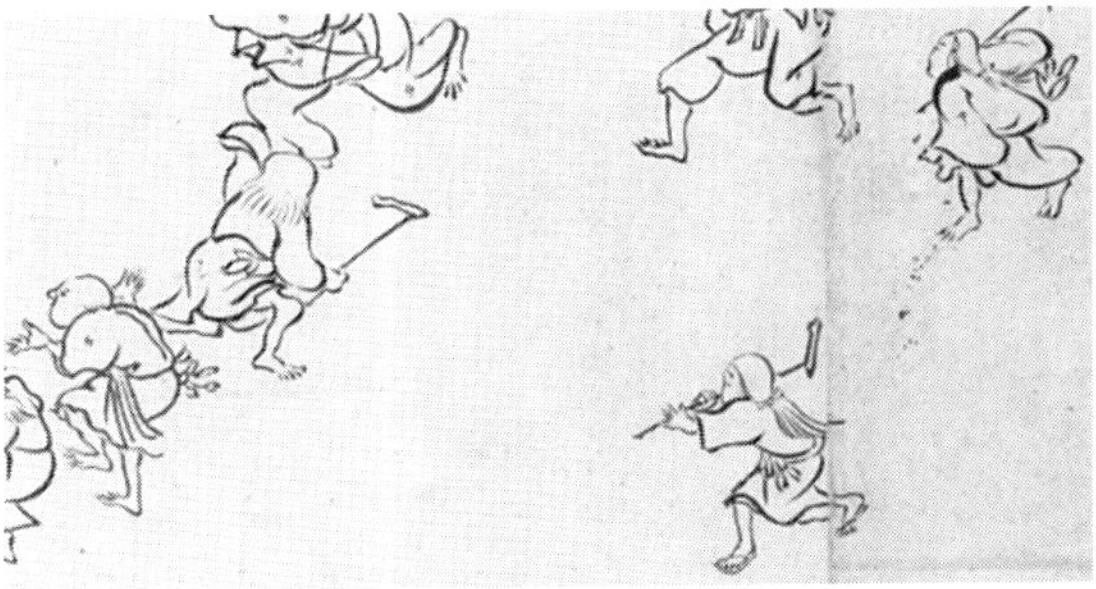

図１－10　ゆずり葉を腰につけた子どもたち

図１－11　ボールを投げるプレーヤー

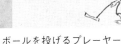

図1－12　競技の輪から外れたプレーヤー

スピード感を表現している工夫まで考慮すれば、前者のように左投げで剛速球を投げ込んだと解釈する方が自然でしょう。

このように、素手のプレーヤーがボールを投げ込んでいたとして、ボールの軌道がノーバウンドのライナーだったのか、それとも地面に叩きつけてボールの高さを抑制し、打具で返球しやすくしていたのか、絵巻の描写からは判明しません。もしも、このボールが完全な球体には整形されていない、あるいは地面に凹凸があったなら、地面に触れた時点でイレギュラーバウンドが発生し、その不規則性が競技に面白味を与える場面もあったことでしょう。

打具を持ちながらも、競技の輪から外れている人物もいます（図1－12）。競技中のプレーヤーは大半が素足でプレーしていますが、右側の人物は足駄（高下駄）を履いています。さすがに、高下駄を履いたままでは激しい運動はできないでしょうから、彼は一時的には毬杖の「非参加者」だったと推定しておきましょう。

ここには、打具を持つ大人と子ども、そして老人と思しき人物が描かれています。右側の大人が頭をかきながら老人に謝罪し、子どもが事情を説明している構図でしょうか(49)。老人が烏帽子を手で押さえている様子から、この大人が向かって右側チームのプレーヤーで、彼が打ったボールが老人の頭部を直撃するというミスプレーに対して謝罪をしているシーンだと解釈することもできます。推測を重ねるようですが、古代末期の毬杖では、打具で打ったボールが地面を転がるばかりではなく、大人の頭部に相当する高さまで浮かび上がることがあったという競技の模様がイメージできるのではないでしょうか。

絵の中には、打具を手に持ち、遅れて競技に参加しようと我先にと走る子どもたちの姿があります（図1－13）。また、競技をしている目の前の建物からは、打具を肩にかけて競技場に向かう男が門松の間を出てきます（図1－14）。手前の男は、毬杖に誘いにきたのでしょうか。おそらく、競技者の人数はアバウトで、出入りも自由で、飛び入り参加も可能だったことでしょう。もしかすると、不意をついて競技に参入した者が、勝負を決定づけるような活躍を見せるサプライズもあったかもしれません。

図１－13　後から競技に参加しようとする子どもたち

図１－14　後から競技に参加しようとする大人の男性

絵巻の描写を見る限り、競技空間は明確に区分されていなかったようです。いわば、路上の全体がフィールドだったのでしょう。

4　ボール職人あらわる

古代のスポーツ用具産業への眼差し

人間の身体一つで実施するものを除いて、スポーツをするためには関連の用具が必要となります。もともと、スポーツ用具を含む遊戯具は手製でしたが、余暇を謳歌できる階層が登場すると、用具の製作は外部に発注するか既製の商品に頼るようになり、専門の職人が生まれました(50)。

古代のスポーツを切り拓いた貴族は生産行為を生業《なりわい》とする身分層ではなかったため、自らその用具を作り出すことはできません。基本的に、貴族のスポーツは用具の製造を請け負う職人の存在なくしては成立しなかったのです。

こうした事情から、古代社会にはスポーツ用具の製造販売業が存在していました。前述したように、貴族が楽しんだ「みるスポーツ」の代表格は、宮廷の年中行事だった節会スポーツです。多種目におよぶスポーツ競技が実施され、とくに弓を射る形態の競技が目立って行われていました。

そこに勝敗が争われる以上、より高度なパフォーマンスを目指す競技者やその支援者が、良質の弓矢を求めたことは容易に想像がつきます。その要請に応えたのが、用具製造業者の職人でした。弓矢のうち、弓の製造を請け負った職人は「弓作《ゆみつくり》」と呼ばれましたが、彼らの存在は遅くとも一二世紀には確認することができます[51]。また、弓作よりも多忙だったのは、矢を製造する「矢細工《やざいく》」でした。弓と比べて消耗が早い矢は、大量生産の必要性が生じたからです。

中世史家の横井清は「遊戯史の研究は、必然的に『遊具』史の研究を不可避とし、さらには、それの製作者たちの実相・歴史の研究をともなわねば、一つの円が完結しがたいのです[52]。」と明確に指摘しました。日本のボールゲームを扱う本書でも、職人たちが高度な手作業を駆使して作ったボールの製造工程、そしてボールそのものの性能に関する用具史的な視点を欠くことはできません。

ボールゲームが成立するための必須要件である「ボール」にフォーカスした考察は、前近代の球戯史研究の中で重要な領野を形成します。ボールの性能は、その球戯の技術やルール、さらには面白味を決定づける関心度の高い要素だからです。

ボール職人の登場

太古の昔から、人間はボールを使った遊びとともに生き抜いてきましたが、歴史的に出現したボールの形態には球体ではないボールもたくさんありました。今でも、ラグビーボールなどは球体ではなく楕円形です。むしろ、正確な球体を維持したボールは、近現代の製造加工技術の飛躍的向上によって可能になったもので、それ以前のボールの多くは「円形」ではあったものの「球体」に属するボールの方が少数派でした。

歴史的にみて、ボールの製法は大きく六つのタイプに分けることができます。ふくらませ球、編み球、詰め球、巻き球、切り出し球、鋳型球です。現代球技のボールの製法も大抵はこのいずれかに当てはまりますが、六つの基本型は、古代文明が出現する以前の未開社会の段階ですでに出揃っていたそうです[53]。

海外から移入された古代のスポーツは、その用具をプレーヤーが自作することは難しく、専門職の力が必要でした。蹴鞠を例にみても、そのボールはプレーヤーが自ら手軽に製造できるような代物ではありませんでした。このような事情から、鞠の製造を請け負う「鞠括《まりくくり》」という職人が古代末期の一二世紀後半には誕生してきます[54]。

古代の貴族が蹴った蹴鞠用のボールとは、どのような構造だったのでしょうか。前述したように、日本の蹴鞠のルーツである中国の蹴鞠用ボールは、当初は毬の中心に毛を詰め込んだボールが使われていました。いわば「詰め球」の系統です。唐代になるとボールの製法革命が起こり、空気を吹き込んで作る「気球」が開発され、「ふくらませ球」の製法へと移行しました。

日本の蹴鞠のボール製造法は、鹿の皮を張り合わせて中空に仕上げる「ふくらませ球」の技術が伝統的に継承されてきました。正確な球体ではなく、中心の接合部分がくぼんだ形状になります（図1－15）。耐久性の面では、現代のサッカーボールとは似ても似つかない風船のような脆弱な構造で、誤って鞠を踏み潰すこともあったと言われます。

　しかし、貴族社会で蹴鞠が普及しはじめた九世紀頃には、皮革の中に穀物の皮を詰めて球体に近づける「詰め球」の製法でボールが作られていたそうです[55]。それが、どこかのタイミングで「ふくらませ球」の製法にシフトしていくのですが、その時期は定かではありません。中国と同じように、ボールの改良を境目にして、日本の蹴鞠でもプレーヤーのボール操作のテクニックが発達していったと考えることができます。

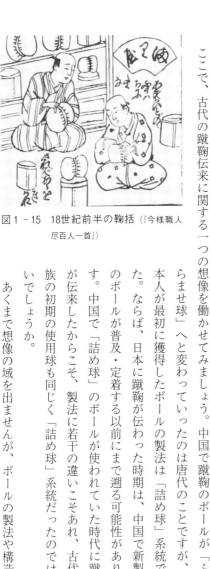

　ここで、古代の蹴鞠伝来に関する一つの想像を働かせてみましょう。中国で蹴鞠のボールが「ふくらませ球」へと変わっていったのは唐代のことですが、日本人が最初に獲得したボールの製法は「詰め球」系統でした。ならば、日本に蹴鞠が伝わった時期は、中国で新製法のボールが普及・定着する以前にまで遡る可能性があります。中国で「詰め球」のボールが使われていた時代に蹴鞠が伝来したからこそ、製法に若干の違いこそあれ、古代貴族の初期の使用球も同じく「詰め球」系統だったのではないでしょうか。

図1－15　18世紀前半の鞠括（『今様職人尽百人一首』）

　あくまで想像の域を出ませんが、ボールの製法や構造に着目することで、イメージの幅が大きく変わってきます。

ボールゲームのテクニックは、ボールの構造や性能によって大きく左右されます。前述したように、今に伝わる蹴鞠のボールは「ふくらませ球」の製法で中空になっていたものの、極めて脆弱な構造でした。近代工業技術が生み出したサッカー、バスケットボール、バレーボール、テニスなどの専用球のように、内部の空気圧が外部の気圧より高いわけではなく、表皮も頑丈ではありません。(56) だから、巧みな足さばきでボールを地面につけずに上空に蹴り上げるプレーには耐えられても、ボールをバウンドさせたり、打具や手で強打したり、激しく奪い合うようなエキサイティングなプレーには不向きだったのです。ボールの構造が蹴鞠のプレーの幅を制限し、またボールの許容する範囲内で貴族たちが技を磨いていた様子が浮かび上がってきます。

職人による蹴鞠のボール製造の模様が史料上で明らかになるのは、中世中頃以降のことです。古代の時点では、蹴鞠のボールを製造する職人が出現したことや、ボールの製法が「詰め球」から「ふくらませ球」へとシフトしたことを押さえておきましょう。

〈引用文献〉

（1）岸野雄三「スポーツ科学とは何か」『スポーツの科学的原理』大修館書店、一九七七、八一頁
（2）源順「倭名類聚抄」京都大学文学部国語学国文学研究室編『諸本集成　倭名類聚抄　本文編』臨川書店、一九

六八、一二二―一二八頁
(3) 増川宏一『日本遊戯史』平凡社、二〇一二、四七―四八頁
(4)「日本書紀　巻二四」黒板勝美編『訓読日本書紀　下』岩波書店、一九四四、一九〇―一九一頁
(5) 井上尚明「日本の蹴鞠・中国の蹴鞠」『KEMARI――蹴鞠――The Ancient Football Game of Japan』埼玉県立博物館、二〇〇二、四六頁
(6) 邵文良編『中国古代のスポーツ』ベースボール・マガジン社、一九八五、一〇頁
(7) 惟宗公方「本朝月令」塙保己一編『群書類従　第五輯』経済雑誌社、一八九八、九六頁
(8) 渡辺融「懸りの木に関するスポーツ史的考察」『スポーツ史研究』三号、一九九〇、二頁／渡辺融「日本人の球心」『日本文化の独自性』創文企画、一九九八、二七―二九頁
(9) 渡辺融「公家鞠の成立」『蹴鞠の研究――公家鞠の成立――』東京大学出版会、一九九四、二〇頁
(10) 渡辺融「蹴鞠　技術と雅心の融合」『ボール　球体的快楽』INAX、一九九一、三四―三五頁
(11)「西宮記」近藤瓶城編『史籍集覧　編外（西宮記）』近藤出版部、一九三二、五二〇頁
(12)「西宮記」近藤瓶城編『史籍集覧　編外（西宮記）』近藤出版部、一九三二、五二一頁
(13) 岸野雄三「日本人の遊び」『新体育』四三巻八号、一九七三、一六頁
(14) 紫式部「源氏物語　若菜上」与謝野晶子訳『鉄幹　晶子全集七　新訳源氏物語　中巻』勉誠出版、二〇〇二、三七三―三七四頁
(15)「西宮記」近藤瓶城編『史籍集覧　編外（西宮記）』近藤出版部、一九三二、五二一頁
(16) 渡辺融「公家鞠の成立」『蹴鞠の研究――公家鞠の成立――』東京大学出版会、一九九四、六頁
(17) 橘成季「古今著聞集　巻第十一」『古今著聞集』有朋堂書店、一九二六、三六二頁
(18)「成道卿口伝日記」塙保己一編『群書類従　第拾貳輯』経済雑誌社、一八九三、四四一頁
(19)「成道卿口伝日記」塙保己一編『群書類従　第拾貳輯』経済雑誌社、一八九三、四四一―四四二頁

(20) 文覚『神護寺四十五箇条起請文』（写本）京都大学附属図書館蔵
(21) 岸野雄三「西欧中世のレクリエーション」『レクリエーションの文化史』不昧堂出版、一九七二、九八頁
(22) 岩岡豊麻「打毬」『最新スポーツ大事典』大修館書店、一九八七、七五二頁
(23) 岩岡豊麻「打毬の発祥とその伝播」『騎馬打毬』霞会館、二〇〇九、六四頁
(24) 岸野雄三『体育の文化史』不昧堂書店、一九五九、三九頁
(25) 福本雅一「中国における撃毬の盛衰と撃毬図屏風について」『京都国立博物館学叢』二一号、一九九九、一七頁
(26) 邵文良編『中国古代のスポーツ』ベースボール・マガジン社、一九八五、一一頁
(27) 康冬玲「中国古代から隋唐代までのスポーツ」『体育・スポーツ史概論　改訂三版』市村出版、二〇一五、三〇頁
(28) 邵文良編『中国古代のスポーツ』ベースボール・マガジン社、一九八五、一一頁
(29) 「萬葉集　巻六」藤沢古実・広野三郎編『萬葉集　全巻』古今書院、一九二五、一六七頁
(30) 東京教育大学体育学部体育史研究室『図説世界体育史』新思潮社、一九六四、二〇六頁
(31) 「類聚国史　巻七十二」『六国史　国史大系　類聚國史』経済雑誌社、一九一六、四五八頁
(32) 村戸弥生『遊戯から芸道へ――日本中世における芸能の変容――』玉川大学出版部、二〇〇二、四〇頁
(33) 岩岡豊麻「わが国古代の打毬」『騎馬打毬』霞会館、二〇〇九、七七頁
(34) 「続日本後記　巻三」『六国史　国史大系　日本後記・続日本後記・日本文徳天皇実録』経済雑誌社、一九一八、二一六頁
(35) 「西宮記」近藤瓶城編『史籍集覧　編外（西宮記）』近藤出版部、一九三二、一四三―一四四頁
(36) 藤原師輔「九暦」東京大学史料編纂所編『大日本古記録　九暦』岩波書店、一九五八、六五―六六頁
(37) 村戸弥生『遊戯から芸道へ――日本中世における芸能の変容――』玉川大学出版部、二〇〇二、四七頁

(38)「西宮記」近藤瓶城編『史籍集覧　編外（西宮記）』近藤出版部、一九三二、一四五頁
(39)「宇津保物語　祭の使」武笠三校訂『宇津保物語　上』有朋堂書店、一九二六、三七八頁
(40)「舎人」『全訳古語辞典　第五版』旺文社、二〇一八、八五九頁
(41)岩岡豊麻「打毬」『最新スポーツ大事典』大修館書店、一九八七、七五二頁
(42)喜多村信節「嬉遊笑覧」『嬉遊笑覧（三）』岩波書店、二〇〇四、二七六頁
(43)山東京伝『骨董集』文溪堂、一八一三
(44)宮本常一『絵巻物に見る日本庶民生活誌』中央公論社、一九八一、二二〇頁
(45)『岡山大学埋蔵文化財調査研究センター報』二六号、二〇〇一、三頁
(46)岡山大学埋蔵文化財調査研究センター編『岡山大学構内遺跡発掘調査報告　第二六冊　鹿田遺跡六』岡山大学埋蔵文化財調査研究センター、二〇一〇、一三六頁
(47)小松茂美編『日本の絵巻八　年中行事絵巻』中央公論社、一九八七、八七頁
(48)宮本常一『絵巻物に見る日本庶民生活誌』中央公論社、一九八一、二二〇頁
(49)寒川恒夫「ぎっちょう」『最新スポーツ大事典』大修館書店、一九八七、二〇二頁
(50)遠藤元男『日本職人史の研究　第一巻　日本職人史序説』雄山閣出版、一九八五、三三九頁
(51)遠藤元男『ヴィジュアル史料日本職人史　第一巻　職人の誕生』雄山閣出版、一九九一、一六七頁
(52)横井清『的と胞衣――中世人の生と死――』平凡社、一九九八、一二一頁
(53)寒川恒夫「未開社会のスポーツ」『図説スポーツ史』朝倉書店、一九九一、七―八頁
(54)遠藤元男『ヴィジュアル史料日本職人史　第一巻　職人の誕生』雄山閣出版、一九九一、一三四頁
(55)渡辺融「公家鞠の成立」『蹴鞠の研究――公家鞠の成立――』東京大学出版会、一九九四、三七頁
(56)渡辺融「蹴鞠　技術と雅心の融合」『ボール　球体的快楽』ＩＮＡＸ、一九九一、三四頁

第2章 ボールを蹴る武士、打つ庶民

1　中世のスポーツ ◉「雅」から「武」へ

中世になると、時の権力者の座に就いた武士がスポーツ文化の中心的な担い手になります。この時代は、古代以来の節会スポーツが徐々に衰退し、寺社祭礼の奉納芸としてのスポーツが各地で盛んになっていきました。

東国の武士は西の貴族文化に対抗し、戦闘の手段として武術の作法やルールを整え、馬上三物（流鏑馬、笠懸、犬追物）をはじめとする騎射競技の伝統を確立します。しかし、後述するように、武士は蹴鞠をはじめとする貴族的なスポーツも積極的にマスターしようとしたことを忘れてはなりません。古代の貴族スポーツのいくつかは、中世の武士を通して継承されていきました。農村を母体に出世してきた武士たちのスポーツは、根底に農村文化を抱えながら、尚武的な気風と公家社会の優雅さが重なり合って発展した特徴を持ちます。(1) 古代以来のスポーツの伝統は、中世武士の手でさまざまな要素がミックスされて近世へと引き継がれていったのです。

図２－１　鎌倉時代の武士の騎射競技（『男衾三郎絵詞』）

中世の武士が嗜んだ武術の中には、合戦で馬を下りて素手で戦うための組打ち（相撲）が含まれていました。やがて、観客から見物料を徴収して芸能をみせる勧進興行が盛んになると、相撲も徐々に芸能の一分野として取り込まれていきます。後に、近世の大都市圏で発展し、今日にまで続く勧進相撲興行の前身です。勧進相撲では、実戦での殺傷能力よりも観客に「みせる」ための技量が要求されたため、徐々に相撲人の専業化が進んでいきました。これを、日本のプロスポーツ選手の先駆けと見なすこともできるでしょう。

中世の相撲興行を取り仕切っていたのが、半僧半俗の民間宗教者の勧進聖《かんじんひじり》でした。そもそも勧進とは、寺社の建立や修復のための募金活動を意味します。勧進聖は自分が請け負った寺社の資金調達を、さらに専業の相撲人に下請けさせ、相撲興行に集う大勢の観客から徴収する見物料をもって、一挙に目標額を手にするように企てたのです。中世の勧進聖は、実に巧みなスポーツビジネス戦略を編み出していたことになります。

この時代には、庶民も熱心にスポーツをしていました。中世史家の横井清は、中世の庶民スポーツ(遊戯)の特徴は、相撲をはじめとする「力わざの分化と盛行」だと説明しています(2)。武力で政権を掌握した為政者の影響は、庶民のスポーツ活動にも及んでいたのでしょうか。

南北朝時代の作とされる『異制庭訓往来』には、相撲に並ぶ力わざとして、早態(早足)、力持、水練、飛越、早走、石子(石投げ)、礫打(石合戦)、竹馬馳、頸引、膝挟、指引、腕推、指抓などが列挙されています(3)。「力」を比べるスポーツ以外にも、陸上・水泳競技に類するスポーツや石投げ、竹馬も含まれていました。中世日本の庶民生活には、いきいきとしたスポーツの世界が広がっていたことがイメージできます。

ところで、中世は鎌倉新仏教が台頭し、急速に教線を延ばした時代です。古代の仏教は貴族の支配下で国家の守護と安定を願う役割を果たしましたが、中世に興った新仏教は民間に深く分け入っていきました。その中にあって、浄土真宗の中興の祖とされる蓮如(一四一五〜九九)は、「講」と呼ばれる信者の寄り合いを各地の村落で組織します。講とは、もともとは信仰と関わる仏教的な集団を指していたものの、中世末期には何かしらの共通目的をもった集団へとその意味合いを拡大させていきました(4)。

慶長八（一六〇三）年、イエズス会宣教師らによって日本語―ポルトガル語の辞書『日葡辞書』が編纂されました。中世末期の日本事情を知るうえで貴重な史料ですが、「講」を引くと「……何か物事を習うための集会なら、何の集会でもこれを講という。……例、Maricô（鞠講）蹴鞠の遊びを習うための集会。」という解説があります。[5] 中世末期には、「蹴鞠の遊び」の手ほどきを受ける「鞠講」なる集団が存在したようです。中世の庶民も、蹴鞠を習う機会があったのでしょうか。それとも、「鞠講」とは、武士や貴族が蹴鞠の達人に教えを乞うことを言ったのでしょうか。

いずれにしても、『日葡辞書』の記述は、当時の日本に現代のスポーツ教室ないしスポーツクラブに類するものがあったことを想起させるものです。だとすれば、その鞠講でスポーツ指導にあたっていた側が、もれなく無償で指導を引き受けていたとは考え難く、そこにスポーツビジネスが成立していた可能性は十分にあります。

これが中世スポーツ史の概観ですが、この時代は古代の外来スポーツを日本的に成熟させていった期間に相当します。その主役が蹴鞠です。貴族が愛好したボールゲームのうち、打毬は中世には衰退の一途をたどりますが、蹴鞠は為政者の武士の心を射止め、さらなる発展の時代を迎えました。以下では、蹴鞠が貴族と武士の手によって洗練された芸能の道を歩んでいったこと、そして庶民が多様なボールゲームを楽しんでいたこと、さらには中世のボール職人に関わる諸事情を見ていきましょう。

2　天皇はトップアスリート　◉洗練される貴族の蹴鞠

蹴鞠を愛した上級貴族たち

一二世紀末から武家政権の時代に入っても、上層貴族たちは相も変わらず蹴鞠を愛し続けました。とくに、天皇家で中世以降の蹴鞠の発展に大きく寄与した人物が後鳥羽上皇でしょう。

多芸多才で知られる後鳥羽上皇ですが、類まれな蹴鞠の腕前の持ち主でした。健保二（一二一四）年、上皇は四月一日、三日、五日、六日、七日、九日、一一日、一三日、一四日、一五日、一六日、一七日、一八日、二一日、二六日、三〇日に蹴鞠をしたという記録が残っています。[6] 一カ月で実に一六日間、六日連続を含むほぼ二日に一回のペースで蹴鞠をしていたのです。蹴鞠に対して並々ならぬ情熱を注いでいたことがわかります。

これを遡ること六年前、承元二（一二〇八）年に後鳥羽上皇の主催で盛大な「蹴鞠の宴」が開かれています。この時は、身分に関わらず蹴鞠の実力者たちが集められました。[7] 上、中、下の三チームが編成され、「上」に振り分けられたメンバーは、後鳥羽上皇、坊門忠信、源有雅、難波宗長、飛鳥井雅経、紀行景、山柄法師、寧王丸の八名です。[8] 後鳥羽上皇と蹴鞠をともにした七名は、いずれも当時の蹴鞠界に名を轟かせた上皇側近のトッププレーヤーたちでした。

この盛大な蹴鞠の会は、後年に「長者の鞠会」と呼ばれ、蹴鞠道が確立していくきっかけともなりました。

その後も、歴代の天皇や上皇たちは蹴鞠を好みましたが、こうした傾向がすべてに当てはまるわけではありません。花園天皇は遊び好きで知られますが、どういうわけか蹴鞠だけは幼少の頃から敬遠していたそうです。[9] しかし、花園天皇は蹴鞠に賭物を提供して楽しむ一面もあり、[10] 自分でプレーすることは嫌いでも、ギャンブルの対象として観戦する分には気に入っていたと言えそうです。

宮廷の上級貴族たちの蹴鞠好きは、一五世紀末になっても変わることはありませんでした。室町時代後期の公家、三条西実隆《さんじょうにしさねたか》の日記によると、文明一三（一四八一）年には公家による天覧の蹴鞠の会が頻繁に開かれていたことがわかります。[11]

蹴鞠道の誕生

政権から離れても、貴族たちは蹴鞠という優雅なボールゲームの世界を手放すことはありませんでした。中世には蹴鞠の競技人口は武士にも拡大してきますが、蹴鞠文化の主導権を握っていたのは中世を通して貴族層だったと言えます。そのことを象徴する出来事が、芸道としての「蹴鞠道」の誕生です。

一一世紀末以降の院政時代から、貴族社会では職能や芸能の世襲化がはじまっていました。「家」

ないしは「家元」と呼ばれる存在です。芸道論の第一人者としても知られる西山松之助は、家元制度を「伝統芸能諸流派において、その代表的人物がそれぞれみずから家元を称し、その家元を中心の核として組織構成されている社会[12]」と説明します。この時期、芸能の技芸の伝承を職能とする組織が制度化され、いくつかの流派を形成していったわけです。貴族文化の伝統の中で確立された芸能文化は、中世には武士層、さらに近世には庶民層にも受け継がれていくことになります。

家元は貴族社会の優雅な芸を後世に継承するための重要な拠点になり、日本的な特色ある世界を創出していきます。それぞれの家元は、門下生に対して芸の極意を示していきますが、そこで出現したのが芸を実践する道、すなわち「芸道」という考え方です。

西山によれば、「芸」とは「肉体を用いて、踊ったり、演じたり、画いたり、嗅いだり、味わったり、話したり、等々、体の全体または一部をはたらかすことによって、文化価値を創りだすとか、または再創造するとかをする、そのはたらきをいう。[13]」のだそうです。さらに、西山は「芸道の道というのは、最も抵抗少なく、しかも無駄なく確実に、かつ速やかに目的地へ行くことの出来る通路として設定されてきたものである。[14]」という興味深い解説を行っています。ある意味で、諸芸の家元は、芸の上達に向けて合理的で効果的な方法論を提示して、門下生を導いていく存在だったことになるでしょう。

蹴鞠について言えば、前述した後鳥羽上皇による「長者の鞠会」をきっかけに蹴鞠道が成立し、難波、飛鳥井、御子左《みこひだり》という家元の三家が生まれました。貴族社会では、蹴鞠も芸能の一角を成すものと理解されていたがために、蹴鞠を極めるための「蹴鞠道」が宮廷の盤石なバックアップの下で確立されていったのです。こうした一連の流れは、蹴鞠が公家の雅な遊び事から格調高い芸能の世界へと昇華したことを意味します。中国から伝わったボールゲームが、日本的な芸能文化に包まれて醸造発酵される時期に入ったと言い換えることもできるでしょう。天皇を含む上級貴族たちに長く愛された蹴鞠は、芸能の仲間入りを果たすことで揺るぎない地位を確立したのです。

蹴鞠文化の主導権を握った家元は公家の流れを汲んでいたので、そこには優雅な貴族文化が脈々と流れていました。もちろん、芸能の世界ですから、鞠の上がった回数だけを問題にする記録至上主義とは一線を画し、精神文化の側面が強調されていましたが、家元は蹴鞠が上達するための合理的な方法論も提供しました。蹴鞠の極意を記した多くの蹴鞠書も執筆されています。蹴鞠の技術や作法を文字に起こし、後世の門下生に向けて客観的に伝承可能な方法論が示されたのです。別項で述べるように、蹴鞠道の家元は、蹴鞠書の中に流派秘伝の極意を記していますが、そこに見られるトレーニング理論は、今日のスポーツコーチングに相通ずる部分も少なくありませんでした。

政治の舞台が京都から鎌倉に移ると、将軍をはじめ上層の武士が次々と蹴鞠道の家元に入門するようになります。彼らは、ボールを蹴ってパスを繋ぐという表面上の楽しみ方だけではなく、技術的な極意も含めた蹴鞠の奥義まで追求したいと切望したのです。それは武士が京の貴族文化を我が物にしようとしたことに他なりませんが、何より蹴鞠というボールゲームには、腕力を生きがいとする武士層をも突き動かす魅力があったのでしょう。

様式化される蹴鞠

① 蹴鞠と記録

家元の成立は、蹴鞠のルールやマナーがより明確に定められるきっかけにもなります。一般庶民が自由気ままに蹴鞠の真似事をする場面などは対象外としても、貴族や武士が蹴鞠をする時には流派ごとの決まり事が適用されたはずです。従来は仲間内での「ローカルルール」でボールを蹴っていた人たちも、公の場では家元が定める「オフィシャルルール」に則って正当な蹴鞠を披露するようになります。

このことは、蹴鞠というスポーツの中で「記録」（鞠を連続して蹴り上げた回数）の持つ意味を変えていきました。流派の違いこそあれ、同様の条件設定の下で打ち出される記録は、公式記録として認定するだけの説得力を持っているからです。もちろん、アウトドアスポーツですから、天候の影響を受けたことは間違いありませんが、それは現代のスポーツでも変わりはありません。一筋縄ではいかない屋外の諸条件が、このボールゲームにさらなる面白味を与えていたと言えるのではないでしょうか。

② 蹴鞠の様式

こうして、中世には蹴鞠の様式化が進みます。以下では、一三世紀頃の蹴鞠の様式を、渡辺融の研究[15]によって確かめていきましょう。

蹴鞠を行う競技場を鞠場ないし鞠庭と呼びました。鞠場は、天皇、上皇、将軍の御所、貴族の私邸、寺社の庭などを使うことが多く、建物の南側に設けられるのが一般的でした。一三世紀の段階では方形の鞠場が正式で、コートサイズに明確な定めはなかったものの正方形の一辺が概ね五丈六尺～八丈九尺（約一六・九m～二六・九m）程度だったそうです。コートの地面は、土と砂をよく混ぜて表面をつき固め、水平にして、石を取り除きます。砂が深いのは望ましくないと考えられていました。クレーのテニスコートのようです。

図2‐2はオーソドックスな鞠場の図面ですが、中央には四本の懸の木が正方形になるように植樹されていました。木と木の間の距離は庭の広さにもよりますが、標準サイズは二丈二尺～二丈三尺（約六・六m～六・九m）と伝えられています。ちょうど、バドミントンコートのネットを挟んだ半面と同じようなサイズ感です。

古代をあつかった第1章で述べたように、この懸の木はプレーエリアの境界線を示すと同時に、意図的に設定された障害物の役割も果たしました。古代には自然木をそのまま利用することがあったそうですが、中世の懸の木は多くが蹴鞠用に植樹されていたので、プレーがしやすいように、またゲー

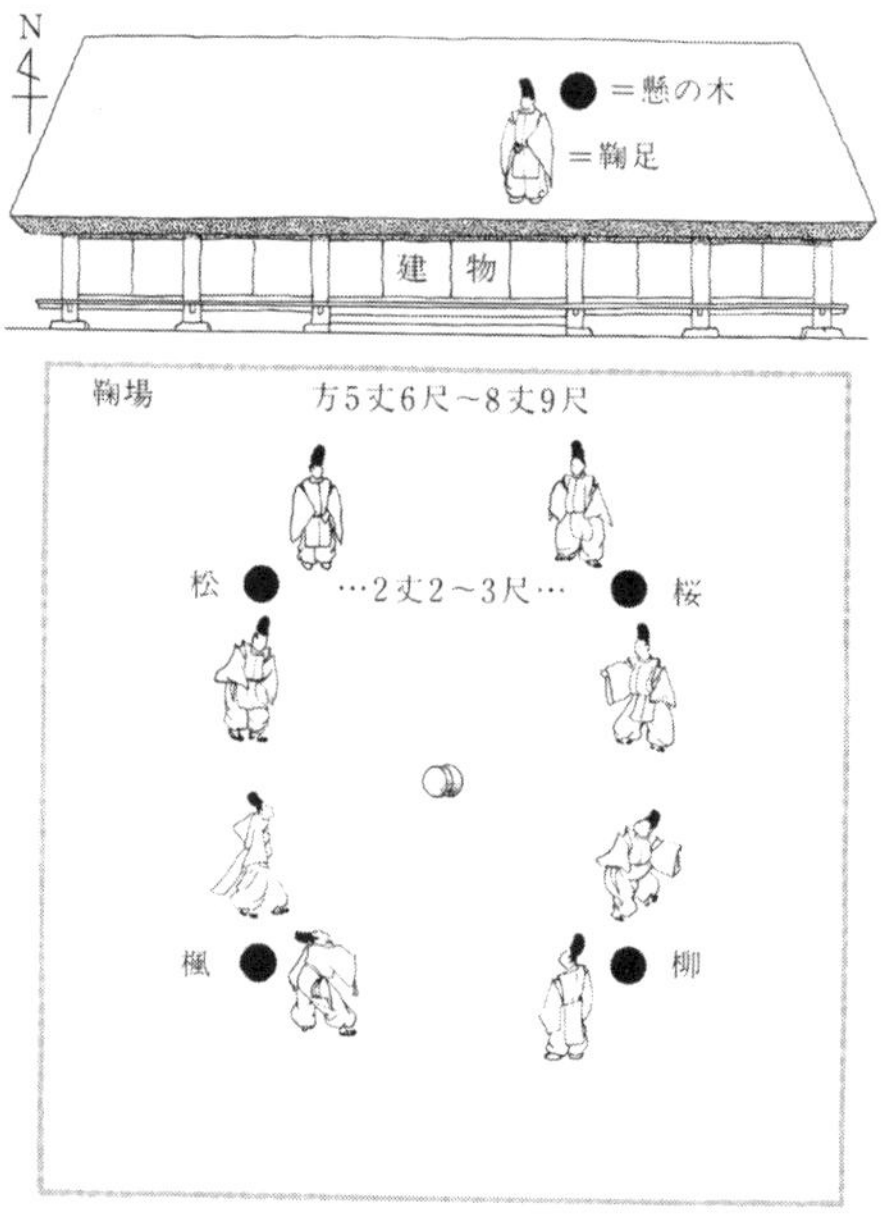

図2－2　蹴鞠の競技場（鞠場）の平面図

出典：渡辺融「公家鞠の成立」『蹴鞠の研究――公家鞠の成立――』東京大学出版会、1994、p. 9

ムの面白味が増すように枝が剪定《せんてい》されました。プレー中、木に懸ったボールが枝を飛び越えて向う側に落ちる、枝の低い方にゆっくり流れる、枝に伝わって転がる、勢いよく走る、垂直に当たって跳ね上がる、軟らかい枝にもたれかかってゆっくり落ちるなど、バラエティに富んだボールの落下コースを作るように工夫されていたそうです。中世の蹴鞠が、かなり人工的な手入れがなされたボールゲームだったことがわかります。

天皇や上皇が臨席する蹴鞠では、まず懸の木に鞠を蹴りかけて、枝葉の露を落とす儀式が行われました。この「露払い」は身分が低かったり、技術的に熟練していないプレーヤーが担当したそうです。その後、いくつかの儀式を経て、一人が鞠場の中央で鞠を蹴り上げる「上鞠」を合図にゲームがスタートします。まるで、野球の始球式のようです。

③　蹴鞠のチームプレー

蹴鞠のプレーヤーは「鞠足」と呼ばれましたが、一本の懸の木の両脇に一人ずつ鞠足を配置し、通常は合計八人でプレーしました。懸の木で囲まれた仮想の正方形の内側が基本的なプレーエリアでしたが、ボールが飛び出せば、場外まで追いかけていって蹴り上げるエキサイティングな場面も生じます。

中世の蹴鞠では、このような不測の事態に対応するプレーヤーの動き方も用意されていました。ミスキックやボールが木に懸って思わぬ位置に落ちる場面を想定した仲間同士のフォーメーションです。

図2－3は『内外三時抄』[16]という蹴鞠書に示された動きを図式化したもので、「対縮」「横縮」「傍縮」の三つのパターンが紹介されています。小さな白丸はボール、黒丸は懸の木、「人」の文字はプレーヤーのポジション、実線はプレーヤーの動きです。いずれも、右下に位置するプレーヤーがボールを蹴り上げるために移動した場合に、他の七名がどのようにポジションを変えてフォローアップすべきなのかが提示されています。各々がスペースを埋めるように協力体制を組んで動いていたようです。ボールを地面に落とさずに連続して蹴り上げるための周到なチームプレーがうかがえます。

チームプレーの側面では、掛け声も見逃せません。プレーヤー同士の意思疎通がなければ、ボールを蹴る準備が整わずにミスキックが発生したり、ボールがプレーヤーの間に落ちてしまう「お見合

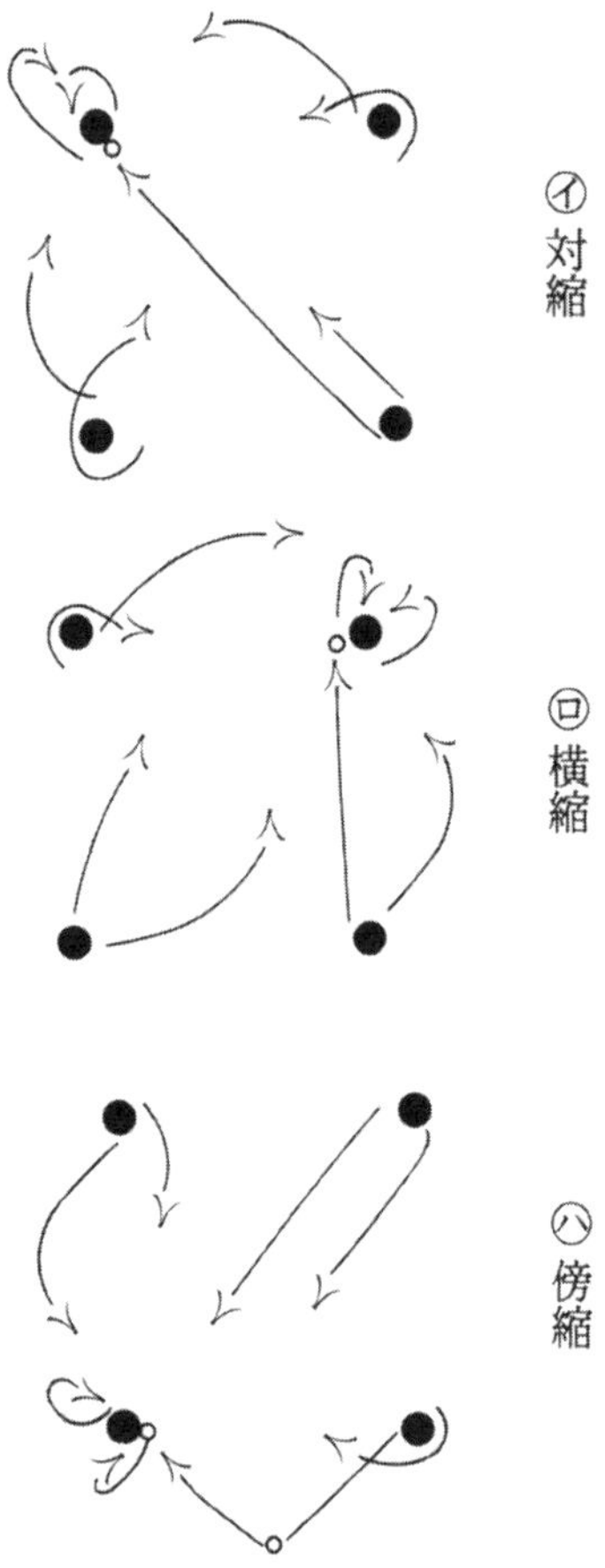

図２－３　蹴鞠のフォーメーション
出典：渡辺融「公家鞠の成立」『蹴鞠の研究――公家鞠の成立――』東京大学出版会、1994、p. 25

い」も起こってしまいます。前述のように、一人がワンプレーでボールを扱うのは三回のキックです。中世の蹴鞠では、ボールを受け取る時（一回目のキック）は「オウ」、自分でボールを蹴り上げる時（二回目のキック）は「アリ」、次のプレーヤーにパスを送る時（三回目のキック）は「ヤ」と声を掛けました。彼らは、声で連携を図りながらプレーしていたのです。こうしたボイスコミュニケーションからも、現代のボールゲームとの類似性を見出すことができるでしょう。

中世に進行した蹴鞠の様式化とは、芸能としての蹴鞠文化を後世に継承しやすくしただけではなく、このボールゲームの技術・戦術を成熟させることにも繋がりました。

3　武士と蹴鞠　◉折り重なる為政者のスポーツ文化

蹴鞠にはまる将軍たち

政権が鎌倉の侍に移行しても、蹴鞠の人気は衰えるところを知りませんでした。貴族の専有物だった蹴鞠は武士にも拡大していきます。上層武家はかつては宮廷に仕えて警固をしていた流れもあり、この優雅で魅惑的なボールゲームとの接点もあったはずですから、武士が蹴鞠をすることは自然な成り行きでした。

一方で、武士は蹴鞠を通じて西の貴族文化に精通しておく必要もありました。武士の生業である弓馬の術に長けているだけではなく、当時日本で最先端だった京風の文化を我が物とすることは、一種のステイタスでもあったからです。

こうして、鎌倉時代には歴代の将軍が蹴鞠に興じることになりますが、その早い例が鎌倉幕府の歴史書『吾妻鏡』に見られます。建仁元（一二〇一）年七月六日、蹴鞠の愛好家だった二代将軍の源頼家は、蹴鞠の奥儀を熟知するために、京都からトップクラスの蹴鞠の熟練者を派遣してほしいと後鳥羽上皇に依頼し、ほどなくして承諾されました(17)。

九月七日、後鳥羽上皇の命を受けて「行景」という蹴鞠の達人が公家を連れ立って鎌倉に下ってきました。翌々日の九月九日には、頼家が行景に盃と銀の剣を与えています。[18]鎌倉幕府と朝廷が、蹴鞠というスポーツを通じて交流していたことを示す興味深い事例です。

それからというもの、頼家の蹴鞠三昧の日々がはじまりました。その様子は、『吾妻鏡』に「此間抛政務、連日被専此芸」[19]と記されているように、頼家は政務をほったらかしにして連日のように蹴鞠の芸の習得に専念します。部下から顰蹙《ひんしゅく》を買いながらも猛特訓の甲斐あってか、同年の一〇月二一日には頼家が参加した蹴鞠の会で九五〇回という大記録が打ち出されました。[20]建仁二（一二〇二）年一月二九日には、重臣の喪に服すべき日に蹴鞠をしようとした頼家に対し、母の北条政子がストップをかけたというエピソードから、[21]頼家が熱狂的に蹴鞠にはまっていたことがわかります。

源頼家は二三歳で若くして亡くなりますが、蹴鞠好きの伝統が途絶えることはありませんでした。頼家の死から半世紀近く経った宝治二（一二四八）年一一月一三日、五代執権の北条時頼が蹴鞠の家元の難波家に入門しています。[22]頼家の蹴鞠への愛着は後世にも受け継がれていたのです。

室町時代になっても、将軍には蹴鞠の愛好家が名を連ねていました。とくに、足利義満や足利義政が蹴鞠を盛んに行ったことも影響して、蹴鞠は武家の嗜みとして定着していったのです。

図2－4は、応永一五（一四〇八）年三月に足利義満の邸宅北山殿で開催された蹴鞠会の会場配置図です。『行幸北山殿蹴鞠記』という書物に所収されています。「柳」と印字された地点に懸の木が植わっていたようです。それぞれの懸の木を挟むように二人ずつ、計八人の名前や職名が記されてい

て、プレーヤーのポジショニングを知ることができます。邸宅の庭先が競技場でしたので、庭の外縁が競技空間の境界線でした。おそらく、庭に面した位置には、蹴鞠を見て楽しむための観覧席が設けられていたことでしょう。概ね、前述したようなオーソドックスな蹴鞠のコートでプレーしていたようです。

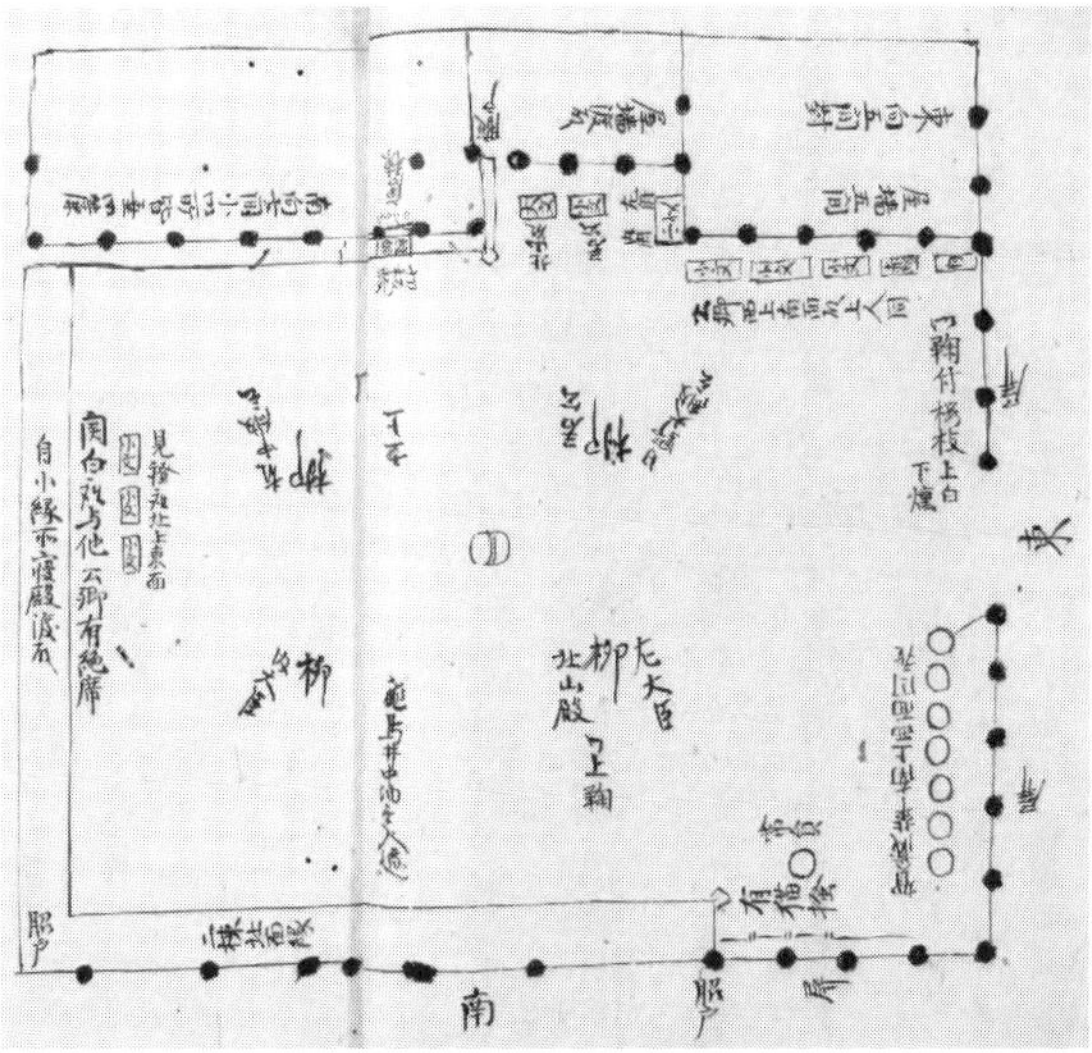

図２－４　北山殿で開かれた蹴鞠の会場配置図

（『行幸北山殿蹴鞠記』応永15年３月８日・１巻）

こうして、歴代の将軍や執権などの権力者を味方につけたことが、蹴鞠の地位を確固たるものへと押し上げます。彼らが次々と蹴鞠の家元に入門したことは、武家による蹴鞠の文化人口を拡大させ、家元制度に基づく蹴鞠道を発展させていきました。

ボールゲームは武士の嗜み
——蹴鞠の全国展開

蹴鞠道に邁進したのは、政治の表舞台で活躍した上層の武士だけではありません。

彼らの文化生活を追いかけるように、地方の武家社会にも蹴鞠が急速に浸透していきます。古代には貴族の優雅な遊び事だった蹴鞠は、中世後期には武士に必須の教養となっていったのです。

室町時代の歴代の将軍も蹴鞠を好み、蹴鞠の会を主催することは一つのステイタスでした。戦国武将の中にも、蹴鞠のトッププレーヤーが数多く登場します。今川義元、大友宗麟、織田信秀、島津忠恒などは蹴鞠に大層入れ上げていたそうです(23)。

また、蹴鞠の名手だった今川氏真《いまがわうじざね》は、天正三(一五七五)年三月一六日に織田信長の宿舎を訪れました。氏真の蹴鞠好きを知っていた信長は、同二〇日に氏真を交えた蹴鞠の会を開催し、自らは見物していいます(24)。この当時、蹴鞠が有力な武将同士をつなぐ社交の手段にもなっていたことがわかるエピソードです。

蹴鞠という貴族社会の伝統スポーツが、中世を通じて武士に愛好されたのには理由がありました。応仁元(一四六七)年から文明九(一四七七)年におよぶ応仁の乱以降、新興の在地勢力が台頭しますが、彼らは従来の勢力に分け入って権威を確立するために、公家に接近して古代王朝的な権威を復興するような風潮を巻き起こしました。そのため、壊滅の危機に直面していた伝統的な公家文化は、この上昇気流に乗って帆を高くあげることになります(25)。

こうした新時代の潮流もあって、武家の貴族文化への憧憬は消え去ることはなく、蹴鞠も中世末期まで生き永らえることになりました。実際に、中世末期の各地の戦国武将やその家臣たちは、私邸で蹴鞠を楽しむだけでは飽き足らず、蹴鞠の家元の飛鳥井家をたびたび招聘して盛んに交流を持っています。[26]

戦国末期、日本人の蹴鞠の存在を書き留めた外国人がいました。イエズス会宣教師のルイス・フロイスは、天正一三（一五八五）年にまとめられた『日欧文化比較』の中で「われわれの間では球戯は手でする。日本人は足をつかって遊ぶ。[27]」という興味深い一文を記しています。異文化の眼差しから日本の「足」を使う球戯、すなわち蹴鞠の存在を捉えました。フロイスは、全国的に普及していた、武士を担い手とする蹴鞠を目の当たりにしたのでしょうか。

武士の嗜みとなった蹴鞠は、そのボールゲームとしての面白味と、貴族文化を追従する必要に迫られた政情とが相まって、京都や鎌倉に限定されない全国的な展開を見せたと言えるでしょう。

蹴鞠のトレーニング ――中世のスポーツ練習法

武士が愛した蹴鞠は、もともとは優雅な貴族文化の出身ですので、それなりの作法の習得が求められました。ただ単にボールを上手に蹴り上げればよいというものではなく、キックの技術にも理想形があったのです。

そのいくつかを列挙すると、右足で蹴る、低い位置で蹴る、膝を曲げずに蹴る、身体に近づけて蹴る（素早くボールの近くに移動する）、手を使わない（ボールが手に触れたら最初からやり直し）、ボールから目を離さない、上半身は動かさずに足の運びは俊敏に、足踏みをしてボールを待つ（フットワークを軽く保つ）、後ろに下がりながら蹴らない（足もとで正確にボールを捉える）、などのポイントをあげることができます。(28) 今日のサッカーとは異なる、蹴鞠特有のキッキング技術が見えてきます。

蹴鞠の家元だった三家は、それぞれの流派の極意をまとめた門外不出の蹴鞠書を発行していました。そこには、技術、ルール、作法、マナーに至るまで、蹴鞠のいろはが余すところなく記述されています。以下では、飛鳥井流の蹴鞠書『内外三時抄』の中から、蹴鞠のトレーニング法の一部を取り上げてみましょう。同書は飛鳥井雅有《あすかいまさあり》の著作で、正応四（一二九一）年頃の成立と見られています。(29)

蹴鞠の基本技術は、プレーヤーの頭上一丈五尺（四・五m）ほどの高さにボールを垂直に蹴り上げるキック動作です。これは蹴鞠の上達に欠かせない技術でしたので、『内外三時抄』にも技術習得のための「桶鞠」というトレーニング法が紹介されています。

逆さまにした桶を頭上に吊るし、その真下の地面に桶の直径と等しい円を描きます。練習の実践者は、その円の内側に立ってボールを蹴り上げ、桶の中に入れるようにコントロールするのです。著者の飛鳥井雅有はこのトレーニングを実施していますが、はじめは一球ずつ手でボールを足元に落として蹴り上げる方法で行っています。一〇〇回中何球が桶に入るかを数えながら一〇〇日間の練習を続けたところ、最終的には九〇回以上も桶に入るようになったそうです。継続することの重要性もさることながら、雅有が技術の上達の度合いを数字で客観的に検証している点は注目に値します。成功率を数量化して、目に見える明確な指標を設定した結果、九〇%を超えるコントロールを獲得したのです。中世の蹴鞠書には、近代スポーツに先駆けた思考を見て取ることができます。

この技術練習にはレベル設定がありました。前述したように、一球ずつ体勢を整えてボールを蹴る段階をクリアすると、今度は上から落ちてくるボールをダイレクトに蹴り上げ、連続的に繰り返します。ただし、この練習は万能ではなく、桶にボールを入れることだけに集中すると、フォームを崩す恐れがあると雅有は注意を促しています。中世の蹴鞠の家元は、スポーツトレーニングの原理原則を見抜いていました。

『内外三時抄』に盛り込まれた極意には、ケーススタディも含まれていました。もし、蹴ったボールが懸りの木の枝に直撃して鋭くはね返った時に、ボールを地面に落とすことなく再び蹴り上げるという実にゲームライクな発想です。また、雅有は効果的に反復練習を積むことでボールの不測の変化にも無意識的なレベルで対応できるようになるという見解を示しました。スポーツ運動学で説かれる運動技術の習熟過程に関わる理論とよく似ています[30]。

飛鳥井雅有が示した蹴鞠の理論は、実に合理的な部分を含んでいます。はるか中世の昔に、日本では今日に通じるようなスポーツトレーニングの方法論が編み出されていたのです。

4　ボールを打ち合う人々

文献史料から庶民の遊びが鮮明になってくるのは、一四世紀以降だと言われています[31]。一四世紀中頃に編纂された『異制庭訓往来』には庶民の遊びに関する語彙が見えますが、その中にはボールゲームとして「手鞠」「鞠打」（毬杖）が含まれています[32]。手鞠は女児の遊戯として中世社会に定着していましたが[33]、これを蹴鞠の変容形態だとする説もあります。だとすれば、『異制庭訓往来』が伝えるボールゲームとは、それぞれ古代に大陸から伝来した蹴鞠と打毬の日本的形態だということにもなるでしょうか。古代、中世の日本のボールゲームは、どこまで行っても大陸の風が追いかけてきます。

ここでは、中世の庶民が行ったボールゲームの中でも、絵画史料が残されている毬杖と羽根つきの系統を取り上げることにしましょう。（手鞠は第4章で扱います）

受け継がれた毬杖

古代より庶民のボールゲームとして親しまれてきた毬杖は、中世に至っても健在でした。鎌倉期の作とされる『鳥獣人物戯画　丁巻』には、人々が地上で向かい合ってボールを打ち合う毬杖が描かれ

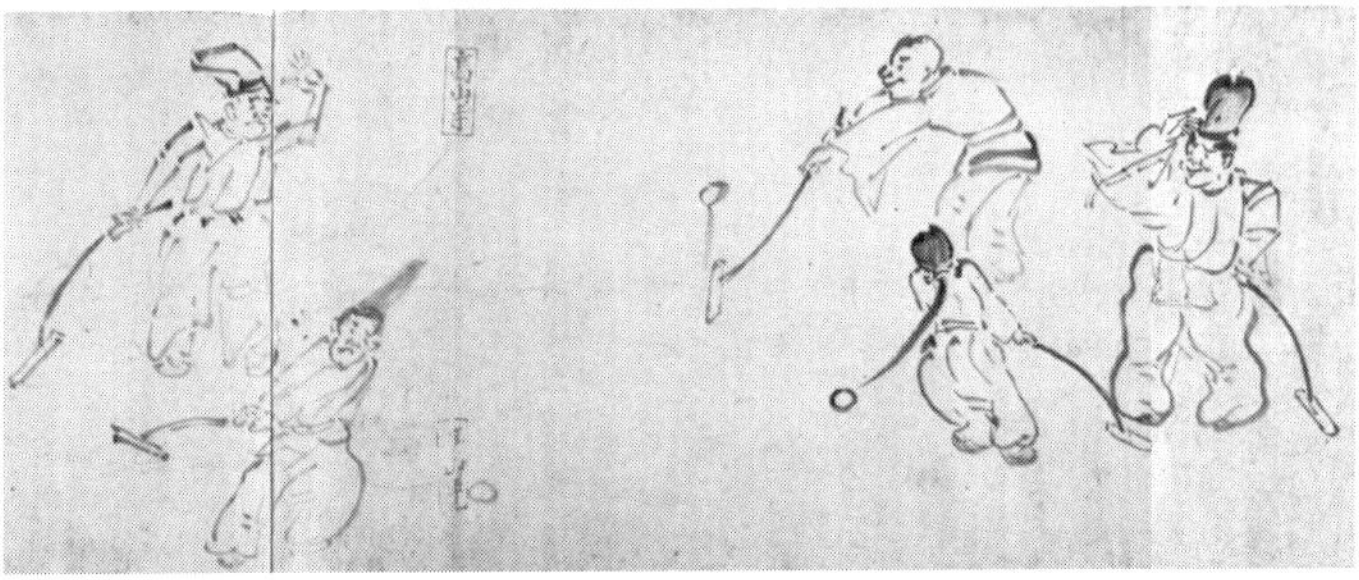

図２－５　鎌倉時代の毬杖（『鳥獣人物戯画　丁巻』）

ています（図２－５）。大人の男性、僧侶、子どもが混在し[34]、さまざまな層が寄り集まって楽しんでいた模様がうかがえます。打具は古代と同じく、持ち手と直角に打突面が取り付けられている形状です。ゴルフのパターのようなイメージでしょうか。

画中には、右側のチームに二個、左側のチームに一個のボールが見え、それを打つプレーヤーの姿が描かれています。このゲームには、複数のボールを打ち合う競技形態もあったのか、それとも活発な運動の模様を伝えるための作画上の工夫でボールをたくさん登場させているのか、気になるところです。

次に見るのは、一三世紀後半の作とされる『西行物語絵巻』のワンシーンです（図２－６）。建物前の路上で、五人の子どもが棒状の物体を手にしています。打具の形状や二手に分かれて向かい合っていることから、毬杖をプレーしているようです。右側チームの打具を振り上げているプレーヤーがボールを打とうとしていて、それを左側のチームが打ち返すべく待ち受けている構図です。この当時の毬杖が、蹴鞠のような専用コートではなく、「路上」を競技空間

図２－６　13世紀後半の毬杖（「西行物語絵巻」）

としていたことがうかがえます。図２－６は毬杖の場面だけを切り取ったものですが、この構図の外にはすぐ側に通行人や物売りが描かれていますので[35]、事前に周囲と申し合わせて競技を実施したというよりも、路上の空いているエリアを勝手に占有して、子どもたちが自由気ままにプレーしていたのでしょうか。

毬杖は室町時代になっても行われていました。図２－７は室町時代の『打毬図』と題された絵画です。二手に分かれた大人の男性たちが、向かい合って打具でボールを打ち合う競技風景がダイナミックに描かれています。このことから、中世の毬杖（打毬）は必ずしも子どもだけが楽しんだスポーツではなかったことがわかります。

ボールを打とうとしているプレーヤーを拡大したものが図２－８です。上のプレーヤーは右半身、下のプレーヤーは左半身の体勢で打具を後ろに振り上げてバックスイングをした瞬間です。上のプレーヤーは打突部に近い方から左手↓右手、下のプレーヤーは同じく右手↓左手の位置で打具を握っています。室町時代の人々は、飛んでくるボールを棒状の打具で強打するための最適なフォームと握り方を知っていたのでしょう。

図２－７　室町時代の毬杖（『打毬図』）

競技者のすぐ側には女性や子どもたちが立ち見で観戦しています。四人とも打具を手にしていますので、すでに競技を終えたか、出番待ちの状態でしょうか。この場所が路上なのか人混みを避けた競技場なのか判断は難しいところですが、少なくとも毬杖をするために人が集まった空間の

図２－８　『打毬図』に描かれたバッティングフォーム

図2－9　『打毬図』に描かれた女性、子ども

ように見えます。

興味深いのは、プレー中の男性陣と観戦中の女性陣の打具の違いです。図2－8・2－9で両者を見比べてみると、男性はこれまで見てきたような現在のホッケーに近い打具を使っていますが、女性が持っているのはハンマー状の打具であることが明らかです。これを使って毬杖をしたのでしょうか。

確かに頭の大きなハンマーは横に向ければ打突面積が広くなるので、ボールに当てやすいという利点は想定されます。しかし、わざわざ通常の打具と別の用具を準備するほど画期的な効果が期待できるとは思えません。

ここで注目したいのは、向かって右から二番目の人物の下に落ちているボールらしき物体です。これがボールなら、男性たちが打ち合っているボールと比べてかなり小さなサイズだったことになり、毬杖をプレーするにはむしろ打具にヒットさせにくい気もします。あくまで想像の域を出ませんが、女性や子どもがプレーしやすいように、毬杖には別の競技形態があって、それはハンマータイプの打具を使うことで楽しくプレーできるボールゲームだったのではないでしょうか。推測を重ねれば、ゴルフの簡易版のようなスポーツが女性や子どもの間では行われていたのかもしれません。第1章で紹介した、唐代中国の捶丸というボールゲームが思い出されます。

室町時代に描かれた『月次風俗図屛風』には、子どもが正月に毬杖を楽しむ姿がありますが（図2－10）、この図屛風の中に毬杖に似たボールゲームが登場します（図2－11）。「ぶりぶり」と呼ばれる子どもの正月遊びです。このスポーツは近世の子ども達の間で流行したようですが、中世末期にすでに存在していたことがわかります。紐の先端にバットのような紡錘形の物体を取り付けて、二手に分かれてボールを打ち合う競技形態です。毬杖とぶりぶりは、同時期に併存していたことを確かめておきましょう。

桃山時代の『十二ヶ月風俗図』にも、子どものぶりぶりが登場します（図2－12）。中央部には手に持ったボールを今から打とうとしている少年の姿があり、反対側のチームは飛んでくるボールを待ち構えています。紐状の物体で持ち手と打突部が繫がっているので、紐の緩み方次第で打具の長さが伸縮することになり、操作上の難易度は高かったかもしれません。ボールを待ち構える二人は左手に紐を握り、右手で打突部を持っていますので、この後、右手の物体を飛んできたボールにぶつけるようにしてヒットさせる技術もあったのでしょう。

図２－10　室町時代の正月の毬杖（『月次風俗図屏風』）

図２－11　室町時代の正月のぶりぶり（『月次風俗図屏風』）

図２－12　桃山時代の正月のぶりぶり（『十二ヶ月風俗図』（部分））

羽根つきの登場

正月遊びとして有名な羽根つきというラケットスポーツは、中世から明確に姿を現わします。羽根つきは、毬杖の変容形態だと言われることもあります。もしそうなら、毬杖は騎馬打毬と起源を同じくするスポーツですから、羽根つきの源流もまた古代の宮廷と関わりがあるということになります。実際、それを裏付ける確証はありませんが、羽根つきが中世の宮廷で行われていたことを知る史料は残されています。室町時代前期の皇族、伏見宮貞成親王による『看聞日記』には、永享四（一四三二）年正月五日の記事に「こきの子勝負分方、男方勝、女中負……」[36]とあります。「こきの子勝負」というのが羽根つきです。宮廷の公卿や女官を集めて男女でチーム分けをして、男性陣が勝ったそうです。今のところ、これが日本の羽根つきを記す最古の文献ですが、勝負事を行うくらいですから、実際にはもっと前から存在していたのでしょう。同じく『看聞日記』の永享六（一四三四）年正月一九日の記事にも「こきの子女中男共有勝負……」[37]との一文があり、やはり男女が入り混じって羽根つきで競っていたことがわかります。宮廷では人気の正月のボールゲームだったようです。

文献の記録にはほとんど残っていないものの、羽根つきは中世に民間にも普及したボールゲームです。中世庶民の間では、男児、女児、それに大人たちも混じって行う正月の景物になっていました。[38]中世の羽根つきとは、純粋な遊び事というよりは「胡鬼《こき》の子遊び」とも表記される一種の厄除けの行事でもありました。子どもが蚊に食われない（病気にならない）ための呪いです。

中世末期の歳時風俗を書き留めた天文一三（一五四四）年の『世諺問答』には、正月の項に二人で向かい合って羽根つきを楽しむ子どもが描かれています。(39) 同書には、「こきのこといふは木連子などをとんばうがしらにしてはねをつけたり」(40) と記され、使用するボールは木蓮子などの実に羽根を取り付けて作ったことがわかります。実の部分を頭に見立て、羽根を刺すことで「とんばう」（蜻蛉）をイメージし、これを打ち合っていました。子どもに病気をもたらす蚊を食う蜻蛉に似せた呪物が用具になっていたというわけです。(41)

図２－13　羽根つきをする中世末期の子どもたち（『世諺問答　上』）

中世までに行われていたほかのボールゲームと比べて、羽根つきのボールはひと際目を引きます。蹴鞠、打毬、毬杖、ぶりぶりなどは、いずれも丸い物体が単体で使われていますが、羽根つきのボールは丸い物体に羽根を装着するという特別な加工が施されているからです。球などに羽根をつけて滞空時間を長くし、かつ落下時の方向性を持たせることは、ゴム製ボールが登場する以前のボールを打ち合う形態のゲームに世界的に見られた工夫でした。(42) バドミントンのシャトルコックが、こうした前近代の蓄積を下敷きに製造されていることは容易に想像がつきます。

一方、絵画史料を見る限り、羽根つきに用いる木製の打具は今でもお馴染みの羽子板と同じ形状だったことがわかります。羽子板は、正月半ばに毬杖の打具や新年の飾り物と一緒に燃やす風習がありました。年に一度、正月の一定期間だけ用いられた消耗品だったのです。

図2－14　室町時代の正月の羽根つき（『月次風俗図屏風』）

図2－15　桃山時代の正月の羽根つき
（『十二ヶ月風俗図』（部分））

『世諺問答』のほかにも、絵画史料の中には人々が正月に羽根つきをする様子が散見されます。室町時代の『月次風俗図屏風』には男女が入り混じって上空の羽根を追いかける姿があり（図2－14）、桃山時代の『十二ヶ月風俗図』にも路上で羽根つきを楽しむ女児たちが描かれました（図2－15）。

このように、文献にせよ、絵画にせよ、ほぼ正月限定で羽根つきが登場します。羽根つきとは、初めから新年の到来を告げる季節限定のボールゲームだったと考えることができるでしょう。

5 ボール職人の時代

蹴鞠専門業者の成立

中世には、手工業を生業とする職人が社会的に認知され、次第に定着していきました。古代以来の貴族の政治拠点だった都市の発展が消費生活を膨張させ、手工的生産の需要を著しく増大させます(43)。中世封建社会の成立によって、農業から手工業を含む職が分化していきました。南北朝時代に全国各地に地方都市が成立すると、手工業生産への需要はさらに高まります。室町時代になると、外国貿易の活性化や国内生産の向上にともない貨幣経済が進み、経営の安定を勝ち得た職人が成長を遂げていきました。

こうして、都市の経済発展や社会体制との関わりから手工業が産業として独立し、職人の存在が必要不可欠になっていくのです。もっとも、この時代の「職人」とは手工業だけを意味するのではなく、かなり広範囲の職能の人々を指していましたが[44]、ここでは手工業者を指すことにします。

こうした時代の波に乗って、一四世紀頃からは蹴鞠のボールを作る「鞠括」が盛んになりました[45]。図2-16は一六世紀初めの『七十一番職人歌合』に描かれた鞠括のボール製造の風景です（図版は後年に成立した『職人尽歌合』より転載）。束ね髪で上半身を露わにした職人が、仕事台の上で綱を巻き上げた型に鞠を縦方向に置いています。蹴鞠のボールは内部に麦を入れて整形しますが、職人の傍らには、小麦が入った容器、麦を内部に入れるための大きな棒状の鉤、そして皮の表面を叩いて整形するための木槌が準備されていますので、鞠の製造には少なくともこうした工具が必要だったのでしょう。

『七十一番職人歌合』には、「沓造」という職人の存在も見られます。この「沓《くつ》」とは、蹴鞠をプレーするための専用シューズ（鞠沓）のことです。当時、足全体を覆う履物は木製品と革製品に分かれますが、「沓」という表記は木製品の方を意味する公家の装束でした[46]。だから、当時の蹴鞠のシューズは木製だったことになります。図2-17には、烏帽子をかぶり上半身を脱いだ職人が、右手に小刀を持って沓を削っています。足元には木屑と沓が見え、数足分の鞠沓を一度に製造している様子がわかります。

同書に鞠括と沓造が掲載されていることは、一六世紀初め頃にはこれらの業態が「職人」として括

図2－16　鞠括

（『職人尽歌合』）

図2－17　沓造

（『職人尽歌合』）

るに足る存在感を示していた証拠です。

蹴鞠というボールゲームのために、専門のボール職人とシューズ職人が存在していたのは驚くべき事実です。需要がなければ供給者としての職人は存在しませんので、彼らの存在は、いかに蹴鞠が中世社会に定着していたのかを物語っています。中世には、蹴鞠用具の製造を請け負う専門業者が根を張っていました。

ただし、職人の社会的認知度が上がったからといって、それを今日の感覚に置き換えることには注意が必要です。スポーツ系の用具を製造した職人の中でも、弓矢を作った弓師と矢師は中世から近世にかけて賤民の世界と密接不可分でしたし、この時代の日本遊戯史自体が芸能史と同様、被差別民衆史と深く関わっているという指摘もあります[47]。蹴鞠のボールやシューズを作った職人を取り巻く事情は定かではありませんが、そのハイレベルな職人技への評価と、職人と呼ばれた人々への眼差しはイコールではなかった可能性もあるのです。

とはいえ、彼ら職人たちが中世武士による蹴鞠文化の意欲的な摂取を実現し、家元制度にもとづく芸能として洗練されていくための大きな貢献をしたことに疑う余地はありません。

蹴鞠ボールの作り方

ここで、蹴鞠の専用球の製造方法に触れておきましょう。

渡辺の研究には、蹴鞠用のボール（鞠）の作り方が事細かに紹介されていますので、製造工程に沿って表2－1にまとめました。これは近世の製造法を示したものですが、一三世紀頃の鞠の形状や作り方もほぼ同様だったと見られています。[48] 第1章でも述べたように、蹴鞠のボールは「ふくらませ球」に属する製法ですが、外側から空気を吹き込むのではなく、内部に麦を入れて膨張させ、整形した後に麦を取り出しました。二枚の皮を縫合する作業も含めて、地道で緻密な作業工程が続きます。

現代のゴム製ボールのように、ゴムチューブに皮を貼ってバルブから空気を注入する構造とは異なりますが、大量生産が不可能だった時代、高度に発達した専門職の巧みな手作業をもってして、蹴鞠の競技成立に不可欠なボールが生み出されていたのです。

職人の手作業ですから、作り手によって品質にも違いが生じます。なかには、高品質のボールを生産することで名を成した職人もいたようです。

中世の鞠括の実態は詳しく判明しませんが、一四世紀中頃の蹴鞠書『遊庭秘抄』の中には「洛中に河原院又あまべとて、此二ヶ條ならでは鞠くゝりなし。河原院の鞠いかにもまさり。[49]」という一文があります。河原院とは、京都六条にあった源融の邸宅のことですから、この周辺に腕利きのボール職人がいたのかもしれません。

表２－１　蹴鞠の製造工程

順序	作業行程
①	なめした２枚の鹿皮に直径１尺（30.3cm）の円を描き、２枚重ね、タガネを用いて両方の円周の内側に直径方向に長さ４分（12mm）の切り目を、円周に沿って１分５厘（4.5mm）の幅で入れる。これを目打ちという。
②	次にこれとは別に幅４分５厘（13.5mm）の帯状の腰皮を作る。この皮は鹿皮ではなく馬皮である。
③	①で作った２枚の鞠皮の目と目を重ね、そこに腰皮を通して２枚を袋状に縫い合わせる。
④	目を12〜14ほど残すまで縫い上がったところで、大麦の粒をこの袋の中に入れ、袋を球状にふくらませて整形する。
⑤	麦が８〜９分目まで入ったところで④で残した目を全部縫い上げる。再び整形し、腰皮をもう一重廻す。
⑥	縫い終わり部分の括り目の脇に直径２〜３分（６mm〜９mm）の穴をあける。ここが鞠の表（上）になる。その裏側にも同様の穴をあける。この穴を麦穴という。
⑦	この穴から再び麦を少しずつ入れて整形する。このときには突き棒という細い金属製の棒を麦穴から差し込んで麦の疎密を調整し、外部からは羽子板と称する木製の鏝で押し、あるいは叩いて整形する。
⑧	整形をし終えたところで、鞠の表面をフノリの溶液で洗う。
⑨	鞠をよく乾かしたうえで、ニカワを薄く溶いて鞠の表面に塗り、次に卵白を塗る。ニカワでコーティングすることによって鞠の形状を保たせ、弾力を加える。卵白によって表皮にツヤを出す。
⑩	鞠の表皮が固まったところで、麦穴から麦の粒を少しずつ取り出し、鞠を中空にする。
⑪	麦穴の周囲に錐で小さな穴をあけ、この穴に細い革紐を通して麦穴を閉じる。
⑫	表の麦穴の脇の腰皮に長さ２〜３寸（６cm〜９cm）、幅２分（６mm）の皮紐を通して輪状にする。これを取皮という。鞠を持つときはこの皮をつまむ。

出典：渡辺融「公家鞠の成立」『蹴鞠の研究―公家鞠の成立―』東京大学出版会、1994、pp. 10–11

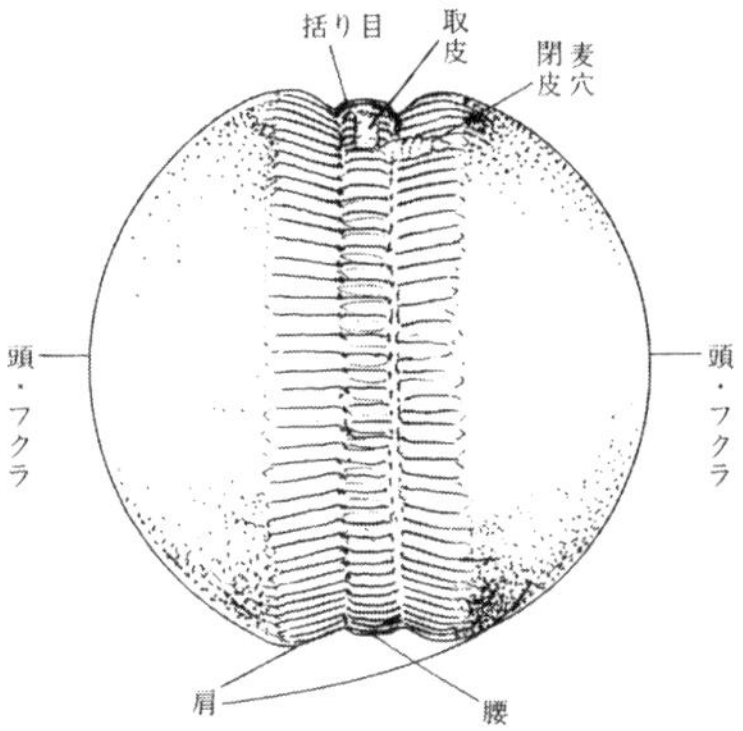

図2－18　鞠の形と各部位の名称

出典：渡辺融「公家鞠の成立」『蹴鞠の研究―公家鞠の成立―』東京大学出版会、1994、p. 10

このように、中世のボールゲームの王座に君臨していたのは間違いなく蹴鞠でした。古代貴族が愛好した騎馬打毬は上流階級の世界からはほとんど姿を消してしまいましたが、庶民層に毬杖として受け継がれ、かろうじて命脈を保ちます。ところが、近世になると打毬も巻き返しを図ります。近世のスポーツ文化の主役は庶民にシフトしますが、近世にはボールゲームのバリエーションが拡大したために、庶民は蹴鞠だけにフォーカスするような遊び方はしませんでした。一方で、将軍吉宗の号令により武士は古代以来の騎馬打毬に励むようになります。その様子は、次章以降で詳しく見ていくことにしましょう。

〈引用文献および注記〉

（1）岸野雄三「日本中世のレクリエーション」『レクリエーションの文化史』不昧堂出版、一九七二、一一二―一一三頁

（2）横井清『中世民衆の生活文化』東京大学出版会、一九七五、四六頁

（3）「異制庭訓往来」同文館編輯局編『日本教育文庫　教科書篇』同文館、一九一〇、三二一―三二二頁

(4) 桜井徳太郎『講集団の研究　桜井徳太郎著作集　第一巻』吉川弘文館、一九八八、一三―一四頁
(5)「日葡辞書」土井忠生・森田武・長南実編訳『邦訳　日葡辞書』岩波書店、一九八〇、一三二頁
(6)「後鳥羽院宸記」『列聖全集　宸記集　上巻』列聖全集編纂会、一九一七、二一三―二三〇頁
(7)「承元御鞠記」『群書類従　第拾貳輯』経済雑誌社、一九〇〇、三六三頁
(8)「承元御鞠記」『群書類従　第拾貳輯』経済雑誌社、一九〇〇、三六五頁
(9) 増川宏一『日本遊戯思想史』平凡社、二〇一四、七一―七二頁
(10) 増川宏一『日本遊戯史』平凡社、二〇一二、一〇三頁
(11) 三条西実隆「実隆公記」『実隆公記　巻一』大洋社、一九三一、三六四―四一三頁
(12) 西山松之助『家元の研究』校倉書房、一九五九、七頁
(13) 西山松之助「近世芸道論の特質とその展開」『近世芸道論』岩波書店、一九七二、五八五―五八六頁
(14) 西山松之助「近世芸道論の特質とその展開」『近世芸道論』岩波書店、一九七二、五八六頁
(15) 渡辺融「公家鞠の成立」『蹴鞠の研究――公家鞠の成立――』東京大学出版会、一九九四、八―三〇頁
(16) 飛鳥井雅有「内外三時抄」『蹴鞠の研究――公家鞠の成立――』東京大学出版会、一九九四、三三九―四七〇頁
(17)「吾妻鏡」『吾妻鏡　上』大観堂、一九四三、五〇一頁
(18)「吾妻鏡」『吾妻鏡　上』大観堂、一九四三、五〇一頁
(19)「吾妻鏡」『吾妻鏡　上』大観堂、一九四三、五〇二頁
(20)「吾妻鏡」『吾妻鏡　上』大観堂、一九四三、五〇四頁
(21)「吾妻鏡」『吾妻鏡　上』大観堂、一九四三、五〇五頁
(22)「吾妻鏡」『吾妻鏡　下』大観堂、一九四三、三八八頁
(23) 池修『日本の蹴鞠』光村推古書院、二〇一四、一一〇頁

(24) 太田牛一「信長公記」『信長公記　巻之中』甫喜山景雄、一八八一、三頁
(25) 西山松之助『家元の研究』校倉書房、一九五九、一五六頁
(26) 芳賀幸四郎『東山文化の研究』河出書房、一九四五、七八四―八二六頁
(27) フロイス著「日欧文化比較」岡田章雄訳『ヨーロッパ文化と日本文化』岩波書店、一九九一、一八六頁
(28) 池修『日本の蹴鞠』光村推古書院、二〇一四、六二―六五頁
(29) 桑山浩然「史料解題」『蹴鞠の研究――公家鞠の成立――』東京大学出版会、一九九四、一六七頁
(30) マイネル著、金子明友訳『マイネル・スポーツ運動学』大修館書店、一九八一、三七四―四一九頁
(31) 増川宏一『日本遊戯史』平凡社、二〇一二、九九頁
(32)「異制庭訓往来」同文館編輯局編『日本教育文庫　教科書篇』同文館、一九一〇、三三一頁
(33) 横井清『中世民衆の生活文化』東京大学出版会、一九七五、四四頁
(34) 渋沢恵三・神奈川大学日本常民文化研究所編『新版　絵巻物による日本常民生活絵引　第一巻』平凡社、一九八四、七九頁
(35)「西行物語絵巻」小松茂美編『日本の絵巻一九　西行物語絵巻』中央公論社、一九八八、二四―二五頁
(36)「看聞日記」『看聞日記　乾坤五八』宮内省図書寮、一九三二、二頁
(37)「看聞日記」『看聞日記　乾坤六二』宮内省図書寮、一九三二、一〇頁
(38) 横井清『中世民衆の生活文化』東京大学出版会、一九七五、四三頁
(39) 一条兼良・一条兼冬『世諺問答　上』安田十兵衛、一六六三
(40) 一条兼良・一条兼冬『世諺問答　上』安田十兵衛、一六六三
(41) 武田正「羽根突」『日本風俗史事典』弘文堂、一九七九、五二七頁
(42) 寒川恒夫「羽子突」『最新スポーツ大事典』大修館書店、一九八七、一〇〇九頁
(43) 遠藤元男『日本職人史の研究Ⅰ　日本職人史序説』雄山閣、一九八五、一五六―一五七頁

（44）中世史家の網野善彦によると、中世の職人とは、「海人・山人などの海民・山民、鍛冶・番匠・鋳物師等の各種手工業者、楽人・舞人から獅子舞・猿楽・遊女・白拍子にいたる狭義の芸能民、陰陽師・医師・歌人・能書・算道などの知識人、武士・随身などの武人、博奕打・囲碁打などの勝負師、巫女・勧進聖・説教師などの宗教人」の総称だと考えることもできるそうです（網野善彦『増補　無縁・公界・楽――日本中世の自由と平和――』平凡社、一九九六、一七八頁）。

中世の職人たちは、平民層が負担しなければならない年貢や公事の負担義務を一部ないし全部免除される特権を保障された場合が多く、その代わりに天皇、院宮、摂関家、将軍家、大寺社などに各々の「芸能」を通じて奉仕するという点に特徴がありました（網野善彦『日本中世の民衆像』岩波書店、一九八〇、一二五―一二六頁）。

（45）遠藤元男『ヴィジュアル史料日本職人史　第一巻　職人の誕生』雄山閣出版、一九九一、一三四頁

（46）職人歌合研究会「七十一番職人歌合　職種一覧」『七十一番職人歌合　新撰狂歌集　古今夷曲集』岩波書店、一九九九、五一六頁

（47）横井清『的と胞衣――中世人の生と死――』平凡社、一九九八、一二二―一二五頁

（48）渡辺融「公家鞠の成立」『蹴鞠の研究――公家鞠の成立――』東京大学出版会、一九九四、一二頁

（49）「遊庭秘抄」『群書類従　第拾貳輯』経済雑誌社、一八九八、四二九頁

第3章 武士とボールの新しい関係
打毬に熱中する〝公務員〟

1 平和な時代の到来 ◉殺しの技からスポーツへ

応仁元（一四六七）年にはじまった応仁の乱をきっかけに戦国時代が幕を開けますが、鉄砲の伝来とその普及が戦術の変化や大名間の優勝劣敗主義を促し、統一政権成立への道を拓くことになりました。(1)やがて、織田信長の躍進により激動の戦国乱世が閉幕すると、近世という初期近代的な時代(early modern)へと向かい、日本社会は徐々に平和への道を歩みはじめます。

この間、戦国時代から江戸時代にかけて、日本は歴史的な転換期を迎えました。戦国時代以前の日本は、自然に抱かれた呪術的観念が支配する世界観でしたが、戦国時代を通じて人間が自らの力を信じて合理的・客観的に自然に働きかける文明社会へと変化したのです。(2)経済活動が活発化し、社会の幅広い階層に文字や教育への関心が広まっていきました。平和と文明を手に入れ、新時代に突入した近世には、人々のスポーツ活動も大いに栄えます。

近世になっても、依然として武士の治世が続きました。しかし、江戸幕府が盤石の体制を築き上げて太平の世が訪れると、武士は軍人としての姿を捨て去り、実質的には幕府や藩に仕える〝公務員〟として行政文書を作成し、算盤を弾くような仕事にも従事します。

こうして、世の中が平和になり大きな戦乱から遠ざかると、武器を用いながら、しかも人を殺すことなく勝敗を争う方法が創案されます。(3) 殺法としての武術は、一定のルールの範囲内で安全に技を比べる競技化の道を歩みはじめました。新時代に命脈を保つ手段として、武術のスポーツ化が推し進められたのです。

だからといって、武士は自らの鍛錬を忘れたわけではありませんが、武術は殺傷能力よりも技の完成度を求める芸の道を模索しはじめ、その存在意義も中世までとは大きく様変わりしました。武術の腕前や商才に長けた人々が流派を形成し、技の極意を「型」に集約して、門外不出の秘伝のテクニックとして継承していきます。

剣術を例に取れば、竹刀や防具の登場により安全に稽古ができるようになると、幕末期にかけて江戸の一般庶民の中にも町の剣術道場に通う者が出現しました。社会の平和化は、武士の専有物だった殺しの技の変革を促し、さらには庶民にも手の届くスポーツへと導いていったと言えるでしょう。

同じように、弓術も実用性を失った兵法としてスポーツ化していきます。江戸深川の三十三間堂では弓の天下一を決める通し矢競技が開催されていました。流派ごとに秘術が非公開だった時代、開かれたチャンピョンシップの存在は今日のスポーツ競技会を思わせます。時代の流れを敏感に察知して、殺法ではなく的を射抜く技量を競い合うようになったこの出来事は、兵法がスポーツ化していく比較的早い例でした。

幕末になると、開国にともない欧米諸国から外国人が頻繁に来航するようになります。彼らが祖国への報告を兼ねて記した日本見聞録には、異文化の眼差しから西洋化以前の日本人の生活実態がつぶさに記録されています。[4] 訪日外国人は為政者の武士のスポーツを観察していました。時として外交を担った彼ら外国人は、武士と接触する機会も少なくなかったからです。幕末期には、欧米列強という外圧による緊張感があった中で、武士の嗜みとしての武芸が稽古事として行われていました。

スイス人の外交官として文久三（一八六三）年に来日したアンベールは、「およそ、武士はすべて、ごく幼いころから毎日、肉弾戦や、槍、太刀、剣、短刀を振るっての闘いを練習する。現に、われわれが通っている地区にも、子弟のために、ここだけでも二カ所の馬場と、馬術や、剣道の稽古用のいくつかの建物がある。[5]」と記録しています。江戸の武家事情を目の当たりにしたアンベールは、武士が幼少の頃から武術に励んでいることや、その稽古のために江戸には馬場や道場があることを知っていたようです。

図３－１　アンベールの著作に掲載された江戸の武士の稽古風景（*Le Japon illustré*（*t. 1*））

アンベールの著作には武士が道場で稽古に励む様子を描いた挿絵が掲載されています（図３－１）。この道場は屋外で鳥居が描かれていることから、神社の境内でしょうか。参加者がたくさん入り乱れて、一対一の打ち込み稽古を実施しています。防具に身を包んで剣術の稽古をする者もいれば、防具をつけずに棒術の稽古に励む者もいたことがわかります。

このように、幕末になっても武士が武芸の鍛錬に励む風景が見られたことには、一八世紀のスポーツ政策が大きく影響していました。以下、本章では、八代将軍の徳川吉宗によるスポーツ政策と、その関係から各地に普及することになるボールゲームについて見ていくことにしましょう。

2　徳川吉宗のスポーツ政策と日本式打毬の誕生

吉宗のスポーツ政策

八代将軍の徳川吉宗は、御三家の一つ紀州藩二代藩主の徳川光貞（在職一六六七～九八）の四男として貞享元（一六八四）年に和歌山城下で生まれました。宝永二（一七〇五）年には第五代紀州藩主となり、約一〇年間におよんで藩政を司ります。やがて、徳川宗家以外の御三家から初めて将軍の座に登り詰めた吉宗は、享保元（一七一六）～延享二（一七四五）年の二九年におよぶ在任期間のうちに多方面に渡る改革を推し進めました。この享保改革によって列島社会の均質化が進み、日本型社会が急速に形成されていったという評価もあります。[6]

一方、将軍吉宗は、平和な時代に実戦からまったくかけ離れ〝平和ボケ〟した武士の姿に危機感を抱いていました。吉宗は鷹狩りをこよなく愛したことで知られますが、鷹狩りをするにあたって家来が草鞋《わらじ》の履き方すら知らず、狩場を走る姿が女性や子どものようだと嘆いたというエピソードも伝わっています。

吉宗の年代記には、「御家人太平になれて。武藝にをこたらむ事をなげかせ給ひ。ひたすら講武の事を沙汰せられける。[7]」との一文があります。たとえ世の中が安定していても、武士の素養として武

図３－２　飛鳥山の花見の風景（『江戸遊覧花暦　巻之一』）

芸に精進する必要があると考えたのです。吉宗が将軍の立場から武芸を奨励した最大の動機は、士風の頽廃を問題視したところにありました。(8)

吉宗の治世下では次のような武芸奨励策が講じられます。(9)旗本に対しては、弓、馬、剣、槍、砲術、水練等を対象に武芸上覧の機会を与え、御家人には弓術や砲術の武芸見分を実施しました。旗本の子弟に課せられた登用試験の中には、弓術、馬術、剣術、槍術の課題を盛り込んでいます。狩猟や射礼を推奨し、海外の馬術の研究も推進しました。後述する打毬の復活と日本的な改良は、こうした武芸奨励策と大きく関わっていたのです。現代風に言えば、政府が立案するスポーツ政策とでも言えるでしょうか。

徳川吉宗のスポーツ政策は、民間にも入り込んでいきました。江戸近郊には行楽地を形成しています。例えば、現在の東京都北区王子にある飛鳥山は桜の名所として知られますが、その仕掛け人も吉宗でした。享保五（一七二〇）年、吉宗が飛鳥山に約一二〇〇本の桜を植樹したことで、飛鳥山は江戸からの花見客の誘致に成功し、次第に茶店や民家が立ち並んで地域経済が活性化します。一九世紀前半、江戸から徒歩圏内の名所旧跡を訪ね歩いた隠居僧の十方庵敬順《じっぽうあんけいじゅん》は、飛鳥山について「都鄙《とひ》の男女爰《ここ》に集ひ来り、宴を催しあそぶによりて、自然と追々に家居建つらなり、茶店若干出来て、一村及び近郷の潤ひとはなれり[10]」と表現しました。

近世に成立した江戸近郊の行楽地の多くは、日本橋から半径二里半（約九・七km）ほどの範囲に収まります。旅行時には一日平均で三五km程度の距離を連日のように歩いた当時の人々にとっては[11]、目的地で楽しむ時間を差し引いても十分に日帰りで歩いて往復できる行動圏です。移動手段は徒歩だったので、行き帰りの途中でも名所を訪ね歩きました。往復路も含めて一日を丸ごと楽しむ「歩くスポーツ」です。

こう考えると、吉宗の飛鳥山の開発は、江戸の人々にウォーキングの機会を提供するスポーツ政策でもあったことに気が付きます。もっとも、吉宗本人がこのことを意識していたかどうかは定かではありません。

打毬の復興と日本的改良

① ニュースポーツとしての打毬の復興

徳川吉宗のスポーツ政策は、武士の馬術訓練とも関わって古代の騎馬打毬の復興に向かいました。

しかし、吉宗は中国大陸から伝わった王朝風の打毬の完全なる再現を目指したわけではありません。安永四（一七七五）年から文政五（一八二二）年頃までの見聞を書き留めた太田南畝《おおたなんぽ》の『一語一言』には、打毬について「古へ朝廷ニテ打毬ヲ行ハレシト見ヘタレトモ、武家ニテ鎌倉将軍京都将軍家ノ頃迄、武家ニテ打毬行レシ事奮記ニ見ヘズ、其式絶テ傳ハラザルヲ、享保ノ頃打毬ノ式ヲ新タニ御作物ニ被遊候事(12)」と記されています。蜀山人《しょくさんじん》こと太田南畝は、古代の朝廷で盛んに行われた貴族の打毬は、中世の武家社会には引き継がれずに途絶えていたものを、享保の頃になって新たな方式の打毬が生み出されたと捉えていました。

また、江戸中期の故実家の伊勢貞丈《いせさだたけ》が書いた『四季草』にも、打毬を含む武芸は享保頃になって「将軍家の作らしめ給ひし御作り物(13)」だったと記されています。近世の打毬は、吉宗が将軍として君臨した時代になって、新たに考案されたことがわかります。吉宗時代に蘇った打毬は、古代王朝時代をモデルに考案された近世の〝ニュースポーツ〟だったのです。

この新しいボールゲームは武士の心を捕えて普及していきました。江戸幕府の公式史書には享保一二（一七二七）年八月四日の記事に、「此ごろ門前にて馬を走らせ。竹刀をつかひ。打毬などして往來をさまたぐるものあり。さは有まじき事なり。(14)」とあります。当時の江戸城付近には、馬を走らせて打毬をして遊ぶ者がいたようです。往来の邪魔をして警告を受けるレベルですので、かなり派手に打毬をプレーしていたのではないでしょうか。

吉宗が推奨した打毬は、歴代の将軍たちにも受け継がれていきました。とくに、一一代将軍の家斉（在職一七八六〜一八三七）は大の打毬好きだったようです。寛政三（一七九一）年六月二日には、「吹上へならせられ両番の士四十人打毬御覧あり。[15]」という記録が残されています。家斉は江戸城内で打毬の観戦を楽しんでいたのです。また、家斉は自らも打毬に親しみ、側近の家来とともに度々プレーしたと伝えられています。[16]

一九世紀に入っても、将軍家の打毬への愛着は消えることはありませんでした。とくに、一四代将軍家茂（在職一八五八〜六六）は歴代将軍の中でも突出して多くの打毬上覧を行ったことで知られる愛好家です。[17]慶応元（一八六五）年八月一五日には、紀州徳川家と尾州徳川家から家臣団が参加して、将軍家茂に打毬を披露するビッグイベントがあったことも記録に残されています。[18]

② 打毬の日本的改良

近世後期になると、打毬は古代王朝風の競技形態から離れ、日本的なボールゲームとして確立されていきました。宮内省（当時）主馬寮が編纂した『打毬ノ由来』には、一九世紀以降に武家の間で定着していった打毬と、古代貴族の打毬との相違点が明記されています。[19]

一、毬門ノ一箇トナリタルコト

一、毬ガ著シク小トナリタルコト
一、叉手ノ使用法ノ異リタルコト
一、毬ヲ跳ネ入レル方法ヨリ投ゲ入レル方法ニ變リタルコト
一、揚毬ヲ考案シタルコト

宮内省は近代以降に徳川家の打毬を継承するための母体となりますが、この五つが、近世に復興を遂げた打毬が日本的に改良されていく過程を説明するうえでの大きなポイントです。これを見る限り、かなりドラスティックな改良が加えられたことがわかります。以下、徳川家流の打毬になぞらえて整理してみましょう。

打毬は紅白の二組に分かれて騎馬で行う団体戦のボールゲームですが、古代には両サイドにあったゴール（毬門）が、近世の改良後には一箇所になりました。一つのゴールを両チームで共有するスタイルへと変化したのです。ゴールのサイズは高さ二mほどで、プレーヤーは直径六〇cm大の丸い穴を目掛けてシュートしました（図3－3）。

また、ボール（毬）のサイズも著しく小さくなったと記されています。宮内庁に伝わる打毬のボールはゴルフボールほどの大きさなので、古代のボールはもっとビックサイズだったということでしょう。『打毬ノ由来』に記されたボールの製法は、中心に小石を入れて藁で包み、その上から麻か木綿

の糸を巻いて、最後に和紙を糊で貼って作ったそうです。[20] 同書にはボールのイラストも掲載されています（図3－4）。

三つ目と四つ目のポイントは一括りにして考えることができます。

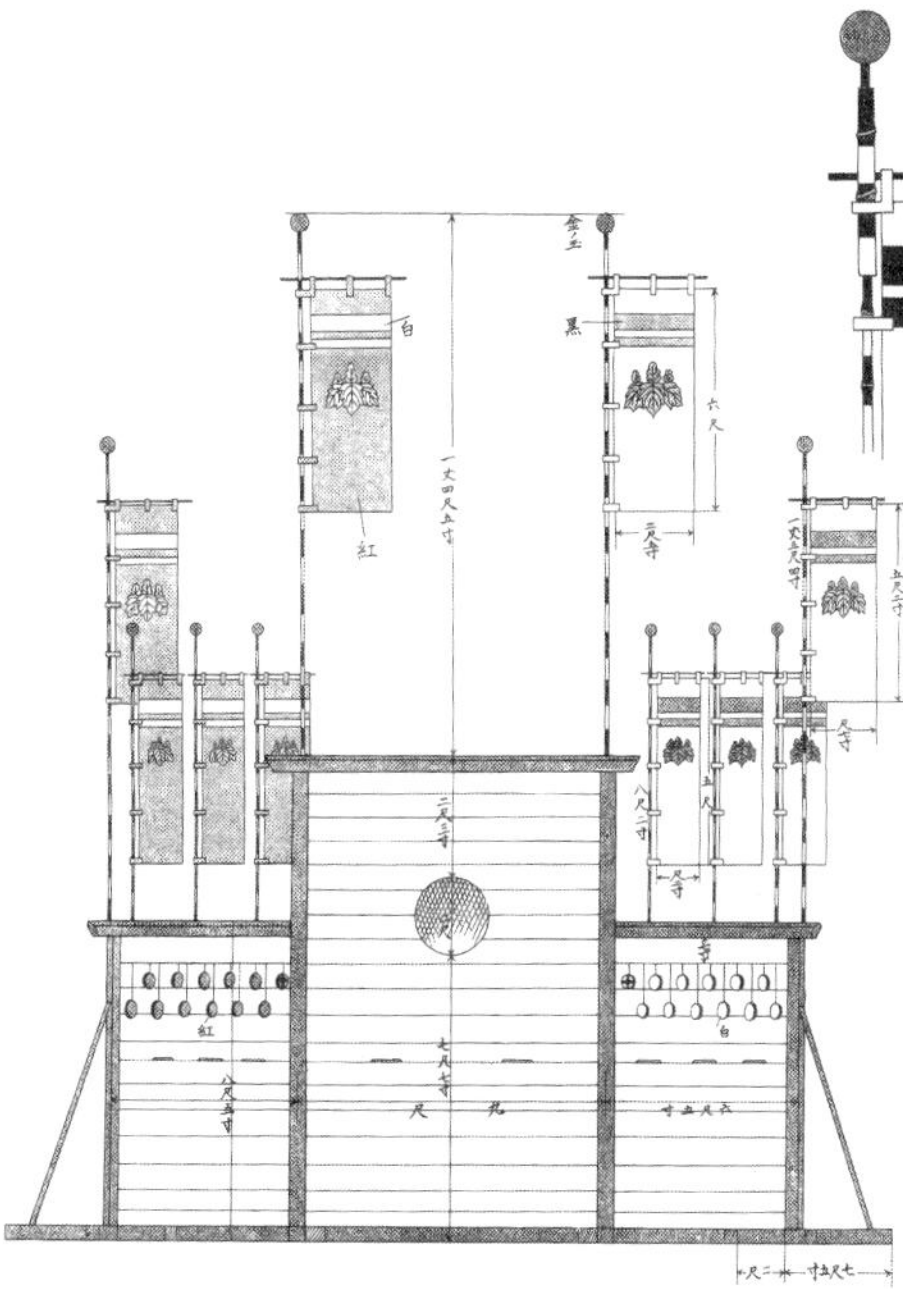

図3－3　打毬で用いられたゴール（毬門）（『打毬ノ由来　附打毬規定』）

古代の打毬では、打具を使ってボールを打撃していたと考えられますが、近世以降の打毬ではプレーヤーが手にした用具は「毬杖」と呼ばれ、先端にはボールをすくい取って落とさずに運ぶための「叉手《さで》」という網の部分がありました（図3－5）。ラクロスのスティックによく似ています。毬杖の長さは大きく二種類で、長い杖は三尺（約九〇㎝）～三尺五寸（約一〇五㎝）、短い杖は二尺（約六〇㎝）だったそうです。[21]

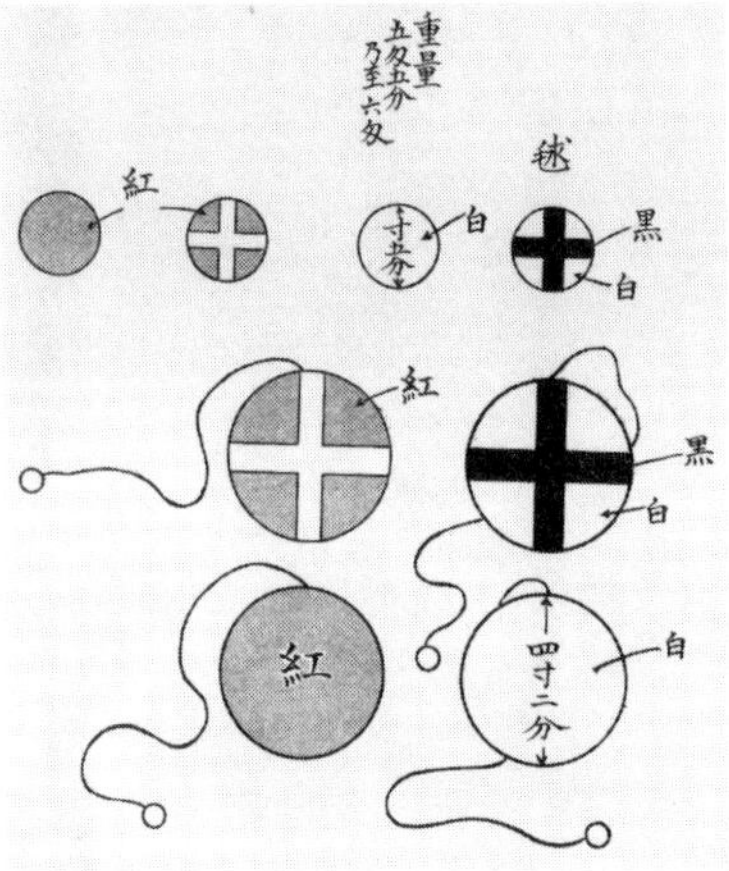

図３－４　打毬で用いられたボール（毬）
（『打毬ノ由来　附　打毬規定』）

打毬では、騎乗しながら地面に置かれた自チームのボールを毬杖ですくい取り、落とさずに運んでゴールへ投げ入れた数で勝敗を競います。古代から近世にかけて用具が変わったことにともない、得点するための技術も「跳ネ入レル」から「投ゲ入レル」へと変化したのです。ゴールから約五mの位置には「駒止」と呼ばれるシュートラインがあり、そこからボールを投射しました（図３－６）。

最後の項目にある「揚毬ヲ考案シタルコト」とは、競技の形態と大いに関係があります。プレーグラウンドの馬場は長方形に区画され、短辺の片側に毬門が、もう片側には紅白の毬が置かれていました。毬には平毬《ひらだま》と揚毬《あげだま》の二種類があり、自チームの平毬を決まった数だけ毬門に投げ入れると、勝負を決する揚毬が場内に設置され、これを毬門に入れたチームが勝者となります。それぞれのチームの平毬が一つ以上投入された後は、人馬がぶつかり合う激しい攻防が繰り広げられました[22]。揚毬とは、競技を盛り上げるためのルール上のエッセンスだったのです。

馬を寄せて敵をディフェンスする局面もあり、競技者には巧みな手綱さばきが要求されました。片手でスティックを操作することは、片手で武具を扱いながら片手手綱で馬を操る訓練にもなります。戦乱から遠ざかった時代にあって、打毬はスポーツをしながらにして馬術の鍛錬ができる恰好の教材でもありました。だから、打毬は基本的には武士のボールゲームとして理解すべきです。

『打毬ノ由来』にも、「遊戯的享楽的」で年中行事の色彩が濃かった古代貴族の打毬に対して、近世武家の打毬は武士道精神の涵養《かんよう》を目的とする競技として機能していたと解説されています。[23] 実際に打毬をプレーした武士が、勇壮な気風を意識していたかどうかはともかく、近世の打毬には古代とは異なる目的

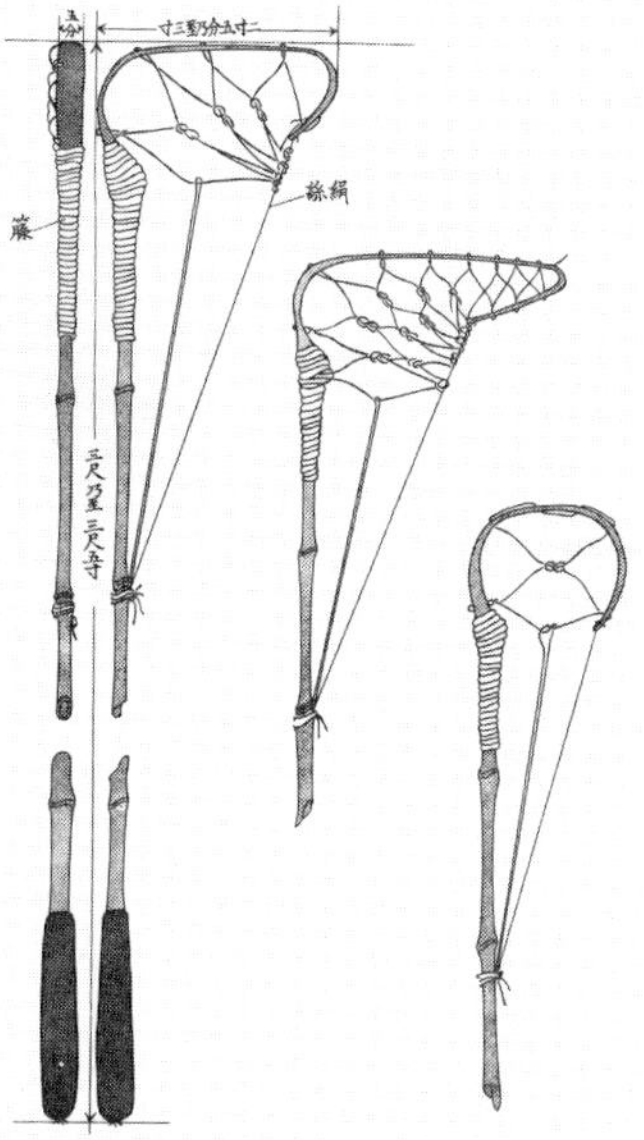

図3－5　打毬で用いられた毬杖
（『打毬ノ由来　附　打毬規定』）

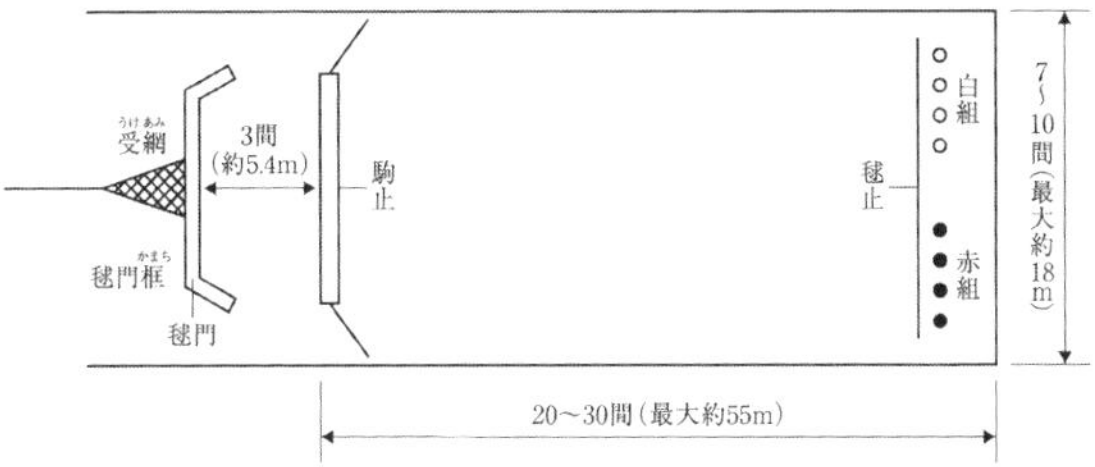

図3－6　打毬のプレーグラウンド
出典：霞会館編『騎馬打毬』霞会館、2009、p. 26

に沿って競技形態の大きな改良がなされたことは間違いありません。

都市の庶民層が経済力を背景にスポーツ文化の中核を担いつつあった時代、為政者としての武士の威厳をアピールするかのように、打毬というボールゲームが時を超えて復興を遂げました。そのため、古代を象徴するような優雅な気風ではなく、武士の訓練に見合った改良が加えられていったのでしょう。

3 打毬競技の隆盛

徳川家の打毬の実際

こうして、古代の有閑貴族の遊びだった打毬は、近世の武士に見合った改良が加えられますが、このボールゲームは武士の心を捕えて離しませんでした。ここでは、徳川家の打毬が実際にどのように行われていたのか、史料的に確認可能な近世後期以降の状況を見ていくことにしましょう。

『幕府時代之打毬之図』は明治二一（一八八八）年の作品ですが、近世後期の武士の打毬の様子を回想して描かれたものです（図3－7）。画中右側の観覧席では、奉行らが勝負の行方を見守っていきます。ボールをすくってゴールを狙う者と、それを激しくディフェンスする者が描かれていて、エキサイティングなゲーム展開が伝わってきます。

図３－７　武士の打毬（『幕府時代之打毬之図』）

図３－８　武士の打毬（『千代田之御表　打毬上覧』）

図３−８の『千代田之御表　打毬上覧』は、打毬をしている武士たちの屏風絵を部分的に切り取ったものです。画中中央に板状の毬門があり、シュートしようとして毬杖を構えた競技者が描かれています。中央手前には、馬から身を乗り出して毬杖で地面のボールをすくう競技者の姿があり、馬を巧みにコントロールしながら片手で毬杖を操作するという難易度の高いテクニックがうかがえます。

次に、海を渡ってやって来た外国人の眼差しを確認しておき

図3－9　オールコックの著作に掲載された打毬（Japanese games on hoeseback）の様子（*The capital of the tycoon : a narrative of a three years' residence in Japan*）

ましょう。

安政六（一八五九）年に来日したオールコックは、滞在中に日本の打毬を目の当たりにしました。オールコックは打毬について、「役人たちは騎馬のゲームを行う。ラケットのようなものでボールを掬い上げ、競技場の端に設置されている穴の中に投げ込むというゲームである。競技者は二つのチームに分けられ、色で区別される。相手がラケットにボールを入れて馬を走らせている時に、そのラケットの中のボールを打って弾き飛ばすところは大変面白みがある。[24]」と解説していますが、そのゲームの様相は前述してきた内容と矛盾しません。彼の著作[25]には日本の絵画をモデルにしたと思しきイラストが添えられています（図3－9）。

万延元（一八六〇）年、プロイセン政府から通商条約の締結のために日本に派遣された外交官のオイレンブルクも、「球戯は馬に乗ってする。先に綱のついた棒を持ち、二つの陣営に分かれ、一つは赤の、もう一つは白い球でもってそれが自分の穴に入らないように防ぎながら、自分の球を相手の穴に入れようとするものである。この遊びは非常に乗馬の訓練を必要とし、勇敢に行われるということである。(26)」と記します。オイレンブルクが紹介した「球戯」とは、すなわち打毬のことに相違ありませんが、彼はこのボールゲームが馬術訓練を兼ねていることを的確に見抜いていました。

こうして、武士を担い手として近世中期以降に奨励された徳川家の打毬は、明治維新後は宮内庁に引き継がれていきました。その模様を丹念に記録した訪日外国人もいます。

明治三九（一九〇六）年、英国皇族の首席随行員として来日（再来日）を果たしたミットフォードの日記には、宮中で催された打毬の一部始終が書き留められています。

まず、競技場の広さやゴールの形状、得点版の説明です。文中の「小さなポケット」というのが、ゴールを指しています。

「競技場として規定された場所は、長さ六十ヤード（約五五m—引用者注）、幅二十ヤード（約一八m—引用者注）の広さであった。一方の端にゴールとなる高い板塀があって、その真ん中にボールを投げ入れる小さなポケットがついていた。片方の端には動かすことのできる円盤がおいてあって、得点を示すために、上下できるようになっていた。最後の二個の円盤はそれぞれ赤と白の色で、十文字に襷がけになっていて、この一つが下ろされるまでは、ゲームの勝敗が決定しないのである。板塀の上の両側には日本の旗竿が立ててあり、一本には赤の、他の一本には白い吹き流しが結びつけてあった。[27]」

次に、競技場内にボールが撒かれ、厳かな雰囲気の中でプレーヤーたちが入場します。競技者のユニフォームもよくわかります。

「競技場の地面の上に数個の赤と白のボールが撒かれた。その中の二つのそれぞれ赤と白のボールには得点版と同じ十文字の印がついていた。一方は白い服を着て、もう一方は赤い服を着た競技者が馬に乗って入ってきた。彼らの服装は昔風で、武士の被る平たい漆塗りの笠を被り、幅の広い馬乗袴をはいていた。その鞍も鐙も服装全体が古風だった。赤服の競技者を先頭にして白服の競技者が続き、行列は極めて厳かな様子で乗り入れてきた。彼らは宮様方や、その他の賓客の座っている前を通る時、重々しく礼をし、次いで競技が始まった。[28]」

ミットフォードは、競技開始後の戦況を次のように詳しく解説しています。「籐の杖」とは毬杖、「印のついたボール」は揚毬のことです。揚毬が投入されてからのエキサイティングな攻防の様子が見事に描写されています。「八人の敵」という文言から、この打毬は一チーム八人制だったことになりますが、これは『打毬ノ由来』に示された競技者の人数「八乃至二十人[29]」（八〜二〇人）の範囲で行われたようです。

「どの騎手も先端に小さい網のついた籐の杖を持っていた。この網で身を屈めて味方の色のボールを掬い上げるのであるが、このこと自体が機敏さと器用さを要求される技であって、それから騎馬で駆けながら平均をとってボールが網から落ちないように決勝点まで運び、杖を振ってボールを穴の中へ投げ入れるのである。最初の三、四回、ボールが投げ込まれるまでは、双方ともに、それほど激しい抵抗はない。それが過ぎると、片方から敵方への攻撃が始まる。敵に向かって馬を飛ばし、周りを取り囲んで可能な限り、あらゆる妨害を仕掛ける。しかし、ゲームの勝敗を決する最後の二個の印のついたボールの順番となると、競技は一段と酣となる。この時になると、両陣営の主将が前面に出てきて、興奮はその極に達し、大混戦となるのである。叫び声をあげる大勢の熟練した競技者の中を、長い杖の先につけた網にボールを入れて駆け足で決勝点まで運ぶのは、馬術の試練として並々ならぬものである。そして、決勝点に達するや、邪魔しようと、あらゆる力を振りしぼって、突進してくる八人の敵をかいくぐってボールを投げ込まねばならない。[30]」

ミットフォードの目に留まったのは、一人の名選手の存在でした。いつの間にか、観戦していたミットフォードも手に汗を握る興奮ぶりを見せ、競技はほどなくして終幕します。

「白組の主将は東京では有名な打毬の優勝選手で、フットボールで一流の選手がボールを蹴って運ぶのと同じく、彼の技量は素晴らしい見ものであった。敵の裏をかき、右へ行くと見せかけて左へ回ったり、一人と相対しながら他からも攻撃され、それでも決してボールを落とすことなく、一度ならず二度、三度と妨害を受けながらも、最後には自分のボールをポケットの中に巧みに投げ入れるのである。そして大なる勝利をかち得たかのように、鬨の声を上げると、入ってきた時と同じように、礼をして競技者たちは場外へ出て行った。興奮は伝染しやすいもので、我々も騎手と同様に競技に熱中しているような思いであった。(31)」

続けて、ミットフォードは打毬を次のように評価します。彼の眼には、馬術訓練を兼ねた日本の打毬はかなり高難度な技術を要求されるものに映り、イギリス本国のスポーツに勝るとも劣らない秀逸なボールゲームだと理解されたようです。

「日本人は打毬のゲームを高く評価しているが、それは騎手の訓練に優れた効果があるので、もっともなことである。この競技の難しさをあますところなく伝えるのは容易なことではない。

競り合いは最大の激しさであり、その嵐と緊張のさなかでボールのバランスを保たねばならぬのである。我々の見物したのは二回のゲームだけで、騎兵の攻撃のように熱狂して競い合ったにもかかわらず、落馬した者は一人だけであった。このゲームこそ英国にも導入さるべきものではないかと私には思えた。[32]」

列島に広がる武家打毬

武家打毬は諸藩にも伝播し、近世後期には八戸、山形、白河、桑名、三春、松代、名古屋、福井、鯖江、和歌山、萩、徳島、高知、柳川などの各地で行われていたそうです。[33] 打毬が全国展開していた様子がよくわかります。

① 紀州藩の打毬

このうち、徳川吉宗がかつて藩主を務めた紀州藩では、藩士の武芸教育の一環として打毬が行われていました。吉宗が藩主だった時代の紀州藩に打毬の記録は見られませんが、吉宗は幼少の頃より武芸の鍛錬に励んでいたことがわかっています。[34] 後に武芸奨励策を打ち出す素養は、幼少期に育まれていたのです。

九代藩主の治貞（在職一七七五〜八九）は盛んに打毬を奨励しました。治貞が打毬を観覧する際に

図３－10　紀州藩の打毬（「青崖埒打毬之図」）

図３－11　紀州藩の打毬で用いられたゴールの拡大図

は、時には毬の代わりに蜜柑をボールにして楽しむような遊び心もあったと伝えられています(35)。

紀州藩の打毬の特徴は、『赤坂御庭図』の中に描かれている「青崖埒打毬之図」という絵画の中に見られます（図３－10）。一九世紀前半の作品です。画中には、紀州藩士たちが競技場で打毬をする様子がありますが、使われているゴールが前述した徳川家の毬門とは大きく異なります。グラウンドに立てられた二本の柱によって、一個のゴールが空中に吊り上げられているのです。網状のゴールの中には得点後のボールが数個溜まっています。現代風に解釈すれば、バスケットボールや玉入れに類するものでしょうか。ゴールの下には空間があり、その両側に騎乗したプレーヤーの姿が見えるので、ゴールを中心としてその周囲でプレーする形態だったことがうかがえます。

先に見た徳川家の打毬では、地面のボールをすくって叉手から落ちないようにコントロールしながら垂直面のゴール（毬門）に向けてボールを投射していました。ところが、この絵のように、ゴールの設置形態が水平面になると、シュートの難易度は一気に上がります。叉手からボールが落ちないようにしながら、なおかつ上空に向って放物線を描くような軌道でシュートしなければならないからです。もっとも、この絵画がフィクションである可能性は否めませんが、もし当時の実情を反映しているなら、紀州藩では高難度に改良された打毬が存在していたことになります。

②　八戸藩の打毬

各地に伝播した打毬の中には、徳川家から宮内庁に継承されたものとは異なるタイプのゴールを採用した藩が他にもあります。八戸藩では、文政一〇（一八二七）年七月に八代藩主の南部信真（在職一七九六〜一八四二）が長者山三社堂（新羅神社）の新規造営に伴って打毬を奉納したことを皮切りに、打毬の伝統がはじまりました。[36] この奉納打毬は、現在まで継承されている貴重な無形文化財です。八戸の打毬のゴールは地面と垂直に立てられ、紅白の毬門が左右に設置されています（図3−

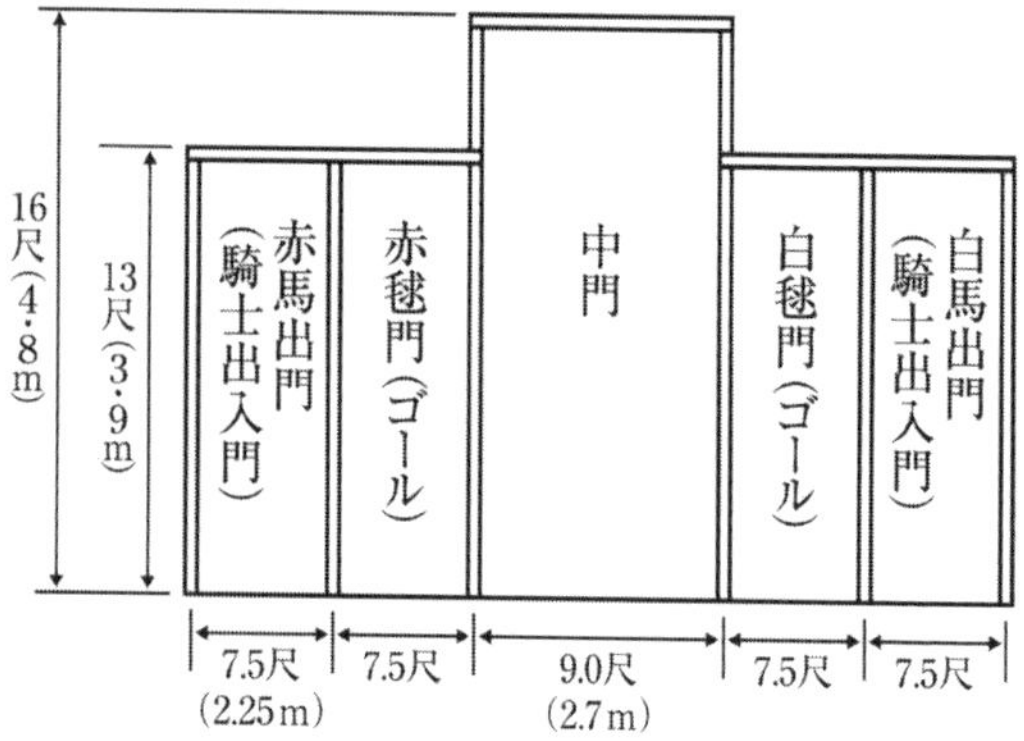

図３－12　八戸藩の打毬で用いられたゴール

出典：霞会館編『騎馬打毬』霞会館、2009、p. 50

12）。両チームのプレーヤーは縦長の空間を狙ってボールを投げますが、ノーバウンドで通過した場合のみ得点が認められるルールです。

各地に伝播した打毬のうち、この形態のゴールが採用された例は少なくありません。ゴールの形態をはじめ、用具やルールは各藩の事情に応じてアレンジされたものの、ゴールが一箇所である点と、馬上でボールをすくって攻防のプレーヤーが入り乱れながら得点を競うことは共通しています。

③　鯖江藩の打毬

鯖江藩でも近世後期には武士の間で打毬が行われていました。明治中頃に成立した鯖江の地誌『さむしろ』には、時系列で打毬のあらましが簡潔に解説されています(37)。

鯖江藩では、毎年三〜四月頃に打毬の催しが挙行されていました。まず、紅白のボール（毬）を馬場の両側に並べ、背中に紅白それぞれの旗を差したプレーヤーが左右に別れます。競技の様子は、

「馬上疾駈シテ毬杖ニ球ヲカケ、毬門ニ数多ク投入タルヲ勝トシ」とあり、騎乗して駆け回りながら手に持った用具（毬杖）にボール（球）を引っかけて、ゴール（毬門）により多く入れたチームが勝利しました。勝ったチームは騎乗したまま門をくぐり、戦いに敗れたチームは下馬して歩いて門を通過したそうです。

また、「之ハ士族乗馬修練ニスルモノニテ、自他観客、堵ノ如クナリシ。」とも記されていることから、鯖江藩の打毬が武士の馬術修練を目的としていたこと、そして、多くの観客が打毬競技を取り囲むように観戦していた様子がわかります。鯖江藩の人々にとって、毎年恒例の打毬競技は「みるスポーツ」ともなっていたのです。

④　水戸藩の子どもの打毬

打毬を通じて武芸を磨いていたのは、武家の大人たちだけではありませんでした。地域によっては、武士の子弟たちも訓練を兼ねて打毬の簡易形態をプレーしていた形跡があります。

幕末期の水戸藩下級武士の生活を聞き書きした文献には、水戸の私塾で行われていた徒歩形式の打毬の話題が登場します[38]。子どもたちは、源氏と平家の二チームに分かれますが、馬には乗りません。グラウンドの片端には毬門ではなく、高い杭に「網の籠」で作ったゴールが吊り下げられていました。前述した紀州藩の打毬で採用されたゴールの形態とよく似ています。両チームのプレーヤーは、号令を合図に一人ずつ籠を目掛けて駆け出し、毬杖で地上の球をすくって籠に投げ入れます。より多くゴールを決めたチームが勝ちでした。

古代や中世の人々が熱中していた徒歩形式の打毬は向かい合ったチームが互いにボールを打ち合う形式でしたので、その競技ともルールが異なります。まるで、毬杖を使った玉入れ、あるいはバスケットボールのようです。水戸藩では、子ども用の打毬が行われる日には見物客も集まり、たいそう賑やかだったそうです。

今日の運動会を思わせるこの光景は、水戸藩に限らず、他の地域でも見られたと想像することができます。将軍吉宗の号令で再編成され、全国展開した打毬というボールゲームは、現役の武士だけではなく、藩の未来を担う子どもたちにも競技形態を変えて親しまれていたのでしょう。

参勤交代が育んだスポーツの文化交流

こうしたいくつかの事例から、吉宗の時代に江戸で復興を遂げた打毬が、一定のタイムラグを経て全国各地に伝播していったことがわかります。参勤交代制度により、各藩の上層武士は国元と江戸を定期的に往復していましたので、江戸の最新の打毬文化を地元に持ち帰り、その都度アップデートを加えながら地域色を出すことも可能でした。だから、競技の形態は大筋を維持しながらも、藩によってアレンジが加えられていったのです。江戸を中心に全国各地に延びた街道に乗って、スポーツの文化が伝わっていった事例です。

全国の諸藩から武士が集まっていた江戸では、いわば藩対抗のスポーツ交流も行われていました。三十三間堂の軒下を舞台に、決まった距離を矢で射通す「通し矢」です。矢を打ち続け、制限時間内で的を射抜いた数を競います。もともと、京都の三十三間堂で行われていた通し矢を真似て、江戸の市街地にも寛永一九（一六四二）年に三十三間堂が建設されました。当初は武士の弓術鍛錬の場でしたが、最高記録者に「天下一」の称号が与えられるようになり、各藩の対抗意識に火が付きます。通し矢は個人間の腕試しにとどまらず、藩の威信をかけた一大スポーツイベントへと発展していきました。すると、雄藩は優秀な射手の召し抱えに走り、「天下一」の名を我が藩のものにしようと躍起になります。実際の戦力図は、尾張藩と紀州藩が二強として君臨していたそうです。各藩の小さなナショナリズムを刺激したことで発展した江戸の通し矢は、参勤交代によって実現した「全国大会」の先駆けでしょうか。

近世後期に旅行文化が成熟すると、剣術の世界でも、藩や流派を越えたスポーツ交流が盛んになります。武者修行の旅行者が急増し、全国各地の道場を訪ね歩いて他流試合にチャレンジする剣士も続々と登場しました。嘉永六（一八五三）～安政二（一八五五）年に剣術修行のために諸国を遍歴した佐賀藩鍋島家家臣の牟田文之助もその一人です。文之助の書き残した日記によると、修行中の他流試合は大いに歓迎され、夜は地元民と酒を酌み交わしながら剣術談義に花が咲くこともしばしばでした。[39]

かくして、参勤交代制度をきっかけに整備された交通インフラは、藩や流派を飛び越えた新時代のスポーツ交流を育んでいきます。それまで交わることのなかった遠方に暮らす者同士が、スポーツを通じた異文化交流によって相互理解を深める時代が到来したのです。

本章で見てきたように、全国各地の武士たちの中には、公務員として行政を支える傍らで、馬術訓練の一環として打毬に熱中するプレーヤーがいたことがわかりました。中世までとは異なる、平和な近世ならではの新展開です。しかし、このエキサイティングなボールゲームが武士の手を放れて庶民層の間で流行することはありませんでした。多数の馬を準備してなおかつ馬術に長けた競技者も集める必要がある打毬というスポーツは、庶民にとってはクリアすべき条件があまりにも多過ぎたようです。やはり、近世の打毬は武士に特有のボールゲームだったと考えることができます。

前述したように、吉宗は平和な時代にあって尚武的な気風の復興を目指しました。この点、打毬は馬に跨った侍たちが入り乱れて攻防を展開する勇壮さを持ちますが、直接的に実戦に結びつくものではありませんでした。ハイレベルな馬術訓練だったことは間違いないものの、用具でボールをすくってゴール目掛けて投げるという行為は、弓術や剣術などと比べると戦乱状態はイメージできません。ルールに則って得点を競うこのボールゲームは、士風の復活を目論みながらも、武術のスポーツ化という時代のニーズに応えて再編された日本的なニュースポーツだったと解釈できるのではないでしょうか。
シルクロードの終着駅の日本で、とあるスポーツが長い時間をかけて醸造醗酵された結果、見栄えの異なるスポーツに生まれ変わったことは興味深い事実です。西洋の近代スポーツと日本の伝統文化をミックスして考案された駅伝の登場を待つまでもなく、外来スポーツに改良を加えて日本化することは、昔から日本人の得意技だったのです。

〈引用文献〉

（1）永原慶二「戦国時代」『日本史事典』平凡社、二〇〇一、六八頁
（2）大石学『江戸の教育力――近代日本の知的基盤――』東京学芸大学出版会、二〇〇七、一〇―一一頁
（3）西山松之助「近世芸道思想の特質とその展開」『近世芸道論』岩波書店、一九七二、六〇〇頁
（4）渡辺京二『逝きし世の面影』平凡社、二〇〇五、一八―一九頁
（5）アンベール著、高橋邦太郎訳『アンベール幕末日本図絵　上』雄松堂出版、一九六九、二九七頁
（6）大石学『江戸の教育力――近代日本の知的基盤――』東京学芸大学出版会、二〇〇七、三七頁
（7）「有徳院殿御実紀附録　巻十二」『国史大系　第一四巻』経済雑誌社、一九〇三、三一八頁
（8）横山輝樹『徳川吉宗の武芸奨励――近世中期の旗本強化策――』思文閣出版、二〇一七、二四頁
（9）横山輝樹『徳川吉宗の武芸奨励――近世中期の旗本強化策――』思文閣出版、二〇一七、九七―一四七頁
（10）十方庵敬順「遊歴雑記初編之上」『遊歴雑記　初編一』平凡社、一九八九、一〇五頁
（11）谷釜尋徳『歩く江戸の旅人たち――スポーツ史から見た「お伊勢参り」――』晃洋書房、二〇二〇、一二頁
（12）太田南畝「一語一言　巻十」『蜀山人全集　巻四　増訂一話一言四八巻』吉川弘文館、一九〇七、二六五頁

(13) 伊勢貞丈『四季草　三の巻　夏草』阪本屋喜一郎、一八三七、二九頁
(14)「有徳院殿御実紀」『国史大系　第一三巻』経済雑誌社、一九〇四、八九三頁
(15)「文恭院殿御実紀　巻十」『徳川実紀　第一編』経済雑誌社、一九〇五、二七五頁
(16) 今村嘉雄『修訂　十九世紀に於ける日本体育の研究』第一書房、一九八九、二八三頁
(17) 今村嘉雄『修訂　十九世紀に於ける日本体育の研究』第一書房、一九八九、二七七頁
(18)「南紀徳川史　巻之三十」堀内信編『南紀徳川史　第三巻』名著出版、一九七〇、六八六頁
(19) 宮内省主馬寮編『打毬ノ由来　附　打毬規定』宮内省主馬寮、一九三四、九頁
(20) 宮内省主馬寮編『打毬ノ由来　附　打毬規定』宮内省主馬寮、一九三四、三〇頁
(21) 宮内省主馬寮編『打毬ノ由来　附　打毬規定』宮内省主馬寮、一九三四、三〇頁
(22) 江戸東京博物館『特別展図録　江戸のスポーツと東京オリンピック』江戸東京博物館、二〇一九、二一頁
(23) 宮内省主馬寮編『打毬ノ由来　附　打毬規定』宮内省主馬寮、一九三四、一七頁
(24) Rutherford Alcock, *The capital of the tycoon : a narrative of a three years' residence in Japan*, Bradley Co, 1863, p. 283
(25) Rutherford Alcock, *The capital of the tycoon : a narrative of a three years' residence in Japan*, Bradley Co, 1863, p. 84
(26) オイレンブルク著、中井晶夫訳『オイレンブルク日本遠征記　上』雄松堂出版、一九六九、二二〇—二二一頁
(27) ミットフォード著、長岡祥三訳『ミットフォード日本日記』講談社、二〇〇一、八四頁
(28) ミットフォード著、長岡祥三訳『ミットフォード日本日記』講談社、二〇〇一、八四—八五頁
(29) 宮内省主馬寮編『打毬ノ由来　附　打毬規定』宮内省主馬寮、一九三四、二三頁
(30) ミットフォード著、長岡祥三訳『ミットフォード日本日記』講談社、二〇〇一、八五—八六頁
(31) ミットフォード著、長岡祥三訳『ミットフォード日本日記』講談社、二〇〇一、八六頁

(32) ミットフォード著、長岡祥三訳『ミットフォード日本日記』講談社、二〇〇一、八六頁
(33) 渡辺融「江戸時代の武家打毬」『騎馬打毬』霞会館、二〇〇九、八〇頁
(34) 「有徳院殿御実紀附録　巻二」『国史大系　第一四巻』経済雑誌社、一九〇三、一九三頁
(35) 「南紀徳川史　巻之十四」『南紀徳川史　第二巻』名著出版、一九七〇、二七六頁
(36) 岩岡豊麻『文化財シリーズ　第一三号　八戸の騎馬打毬』八戸市教育委員会、一九七二、一六―一七頁
(37) 伴宗古「さむしろ」『鯖江市史　史料編　別巻　地誌類編』鯖江市役所、一九七四、四〇頁
(38) 山川菊栄『武家の女性』岩波書店、一九八三、一〇三頁
(39) 永井義男『剣術修行の旅日記――佐賀藩・葉隠武士の「諸国廻歴日録」を読む――』朝日新聞出版、二〇一三、一四三―一九三頁

第4章 花開く江戸のボールゲーム
平和が生んだ庶民スポーツの世界

1 江戸庶民のスポーツ

都市型スポーツの誕生

日本のスポーツ史上、人口の大半を占める庶民層が、武士や貴族を押しのけて身体運動を伴う遊戯（スポーツ）の中心的な担い手になったのが近世という時代です。とくに近世中頃になると、経済力を手にした都市の富裕層が余暇の消費手段としてスポーツに身を投じるようになりました。近世後期になると、都市に在住する多くの中下層の一般庶民もスポーツを楽しむ時代が訪れます。こうしたボリュームのある層を取り込むことで、スポーツ人口が拡大し、スポーツに関わる各種ビジネスも活性化しました。江戸庶民は金銭の支払いと引き換えに、スポーツを「する」ことや「みる」ことを日常の中に取り込み、新しい時代のスポーツの在り方を見事に築き上げていきます。

　この時代のスポーツ界を象徴するキーワードの一つが「平和」です。『嬉遊笑覧』の序文には、身分を問わず上層から下層まですべての人々が遊び事を享受できるようになったのは、世の中が「無事之時」であるという社会情勢が整ったからだと記されています[1]。長きにわたる太平の世の中が、江戸庶民が遊びに没頭できる環境を保障していたのです。

図４－１　江戸の勧進相撲興行の様子
（『江戸両国回向院大相撲之図』）

　平和社会の実現により、殺法としての武術は精神修養を含んだ教養として生まれ変わり、庶民の身近な稽古事にもなります。スポーツで汗を流すこと自体を楽しめる時代が到来したと言えるでしょう。

　この時代には、スポーツビジネスも盛んになりました。最たるものが、中世に萌芽した勧進相撲です。大都市圏の人口を背景に、江戸、京都、大坂で興行が打たれた勧

図4－2　富士山に登る旅人たち（『富士山諸人参詣之図』）

進相撲では、大観衆を収容できる客席が設けられ飲食物も販売されるなど、スポーツ観戦の空間が整っていました(2)。印刷技術の発達により人気力士のカラー印刷のブロマイド（錦絵）が多数出回り、グッズ販売ビジネスも活発化します。

江戸の力士が地方農村に出向いて相撲を披露する巡業も度々行われていました。信州の五郎兵衛新田村（現在の長野県佐久市）では、嘉永元（一八四八）年に江戸から四名の力士を招いて「雨乞相撲」というスポーツイベントが開催されています(3)。都市型のスポーツビジネスの波は、地方にまで及んでいたと言えるでしょう。

都市の貨幣経済が農村部にも行き届くと、一般庶民の関心は日頃生活するエリアの外側へと向かいました。居住地域を越境して異文化に触れようとする、庶民の長距離徒歩旅行が大流行したのです。全国的に最も人気があったのは、伊勢神宮への参拝を目的とする二～三カ月におよぶ旅でした。当時は旅程の大半を徒歩で移動したため、庶民は在地～伊勢間の往復路の道中で、名所見物、名物の食べ歩き、土産物の購入、温泉入湯など、非日常の異文化世界を存分に堪能しています。旅人の道中の歩行距離は男性で一日平均三五㎞前後、女性も負けじと三〇㎞弱の距離を連日のように歩き、その健脚ぶりがうかがえる数値です。庶民の旅を支える各地の旅行業、街道筋の農家による草鞋の製造販売ビジネス、荷物運搬ビジネスも発達しました(4)。

来る近代に先駆けて積極的な異文化交流を達成するような「歩くスポーツ」が、近世後期の庶民の間で高度に成熟していたのです。

江戸のボールゲームへの眼差し

近世後期には一〇〇万の人口を抱える世界的な大都市になっていた江戸では、スポーツが日常化し、多様なボールゲームが存在しました。手足を巧みに使って技の出来栄えを競うものから、ラケットスポーツ、チームスポーツに至るまで、老若男女の好奇心溢れる人々がボールの行方に一喜一憂した事実があります。江戸のボールゲームは一定の競技性や技術性を内包しながらも、その運動自体を楽しもうとする遊戯性を色濃く表出していました。古代に中国大陸から伝わったボールゲームは、中世の醸造発酵の時期を経て、近世には都市の庶民層によって質量ともに一大発展を遂げることになったのです。

明治維新を迎え、極東に位置する日本も西洋と同じ時間を共有するようになると、数量的な合理主義によって編み上げられた近代スポーツの波が、日本にも本格的に到達します。その近代スポーツの受容と発展の歴史は、多くの日本の研究者を虜にしてきました。

一方、近代以前の日本のスポーツ史を解明しようとする試みは活発化していない現状にあります。とくに、本章で取り上げる江戸のボールゲームは、幅広い層の人々によって楽しまれていたものの、その実際が詳細に語られてきたわけではありませんでした。それは、近代以前の日本のボールゲームに関して、日本人の手によって記された史料が不足していることとも関係しています。人々の日常のすぐ側にあったボールゲームについて、当時の日本人が意識的に記録することは稀だったのでしょうか。

しかし、日本人にとっては取るに足らないことでも、異文化の人々の眼には注目すべき事柄として映るケースもあります。第3章でも取り上げたように、幕末～明治初期に来日した西洋人は、当時の日本人の生活実態を自国文化と比べて詳しく観察していました。その中には、ボールゲームに関する観察記録もあります。嘉永六（一八五三）～七（一八五四）年にかけて来日したハイネは、日本人の遊戯の特徴を、「ボールゲーム、凧揚げ、的あての弓矢遊び、花札も好きである。(5)」と記し、ボールを使った遊びの存在を指摘しています。

訪日外国人の見聞録によって史料的な限界を補い、日本の史料と比較検討することで、より客観的な側面から江戸のボールゲームの実際に迫ることが可能になります。そこで本章では、この時代に訪日した西洋人の見聞録も貴重な時代の証言として適宜引用しながら、江戸に広がっていたボールゲームの世界を探ってみましょう。

ここで、本章で用いるボールゲームの分類に触れておきます。今日、ボールゲームには多様な分類法がありますが、内山は「戦術行為を基礎づける戦術上の種々の課題の違い」を基準に、「ゴール型」「ネット型」「ベースボール型」に分類しています。(6) また、シュテーラーらは「ゴール・ポール型」「打ち返し型」「投・打球型」「球送り・的当て型」という分類を行い、(7) グリフィンらは「侵入型」「ネット・壁型」「守備・走塁型」「ターゲット型」という分類法を採用しました。(8)

しかし、統一ルールが整備され、高度に競技化が進んだ現代的なボールゲームの要件を江戸のボールゲームにも適用することは簡単ではありません。もっとも、右記のような分類に当てはまるボールゲームだけを取り上げるという恣意的な手法もあるのでしょうが、それは近世スポーツ史の視点を自ずから狭めることを意味してしまいます。

一方で、江戸のボールゲームでも、より高い成果を目指して巧みなボール操作が少なからず追求されていたことは確かです。こうした運動技術的な関心から、本章では江戸のボールゲームを次のように分類しました。すなわち、ボールの操作技法との関連から、「手を使うボールゲーム」「足を使うボールゲーム」「打具を使うボールゲーム」の三つのタイプです。この区分けの下に個別のボールゲームを配していくことになりますが、そこでは、ボールの形状や製法にも言及することにしまし

た。これまでの章でも述べてきたように、スポーツの「技術」と「用具」は、相互に補完し合って成立しているためです。(9)

2 手を使うボールゲーム

ボールを手で扱う江戸のボールゲームとして、お手玉、けん玉、手鞠をあげることができます。いずれも、近代スポーツと比べればルールの曖昧さはあるものの、高難度の技術が要求される競技性のあるスポーツでした。

お手玉

今日、私たちが知るお手玉は、小豆や米などが入った小さな布袋を、手を巧みに使って一定のルールとタイミングで放り上げてはキャッチして遊ぶものが一般的です。同時に複数の玉を使って難易度を上げることもあります。ところが、近世のお手玉はその呼び名、プレースタイルともに、今日とは少し様相が異なっていました。

近世には、「石投」「石子」「石投子」などという字を当てて「いしなご」と読ませるボールゲームが存在しました。小石を地面にばら撒き、その一つを空中に投げ上げ、それが落ちてこない間に下の石をつかみ、これを繰り返して早く石を取り尽くすことを目指します。これがお手玉の原型です。

　近世後期の江戸で、石投子をする女児たちの姿を描いた絵画が図４－３です。小石らしき物体が用いられています。右の女児は小石を投げ上げ、左の女児は手の甲で複数の小石を受けているようにも見えます。

図４－３　石投子をする女児たち（『江戸遊戯画帖』）

　小石の代替物としてムクロジの木の実や貝を使うこともありましたが、やがて江戸では、布製の袋の中に数粒の小石や小豆を入れて縫い合わせたボールが普及します。この「玉」を使って前述のルールで行うボールゲームを、江戸では「御手玉」「てだまとり」などと呼ぶようになりました[10]。安永四（一七七五）年刊行の方言辞典『物類称呼』にも、「石投《いしなご》　江戸にて手玉といふ[11]」と記されています。

　図４－４は、女児による「手玉」の様子です。女児が一人で玉を投げ上げています。画中からは少々判別し難いのですが、使っているのは小石でしょうか。

　やがて、お手玉は、布袋をたくさん掌に握り、これを軽く上に放り投げ、手を返して甲で受け、再び投げて今後は掌に

図4－4　女児による手玉の様子（『風流おさな遊び』）

握り、フロアに落とさずにいくつ残るかで勝負を競うスタイルでも行われるようになりました。[12] こうなると、だいぶ今日のお手玉に近づいてきます。玉を投げ上げる高さや落とさず上手に受けるテクニックが要求されるボールゲームで、ジャグリングの要素も含まれています。

けん玉

今日のけん玉は、十字の剣と穴の開いた玉でできた玩具で、紐で剣と結びつけられた玉を空中に放って剣に刺したり、横の十字部分や底部に設けられた皿にボールを乗せてプレーします。ところが、近世のけん玉は少しだけ様子が違っていました。

文化六（一八〇九）年刊行の『拳会角力図会』には、「匕玉拳」（すくい玉拳）という名称でけん玉に似たボールゲームが紹介されています。同書いわく、このボールゲームに使う用具は、唐桑、花梨、紫檀などの堅い木で製造したコップ（原文では「コッフ」）に長い紐を付けて、紐の先端に同じ木材から削り出したボールを結んだものでした。[13]

『拳会角力図会』で紹介されたけん玉のイラストが図4－5です。本体の先端に剣はなく、横に十字状に取り付けられた受皿もありませんでした。コップの部位に空中の玉を落とさず乗せるという、シンプルなゲームだったことになります。形状から見て、ひっくり返して底部の上に玉を乗せる芸当はあったかもしれません。「すくい玉」とは、このスポーツの形態を表現する絶妙なネーミングだったと言えるでしょう。

『拳会角力図会』には、このボールゲームのルールも記されています。当事者間でコップに玉が乗るまでのチャレンジの回数を三回まで、五回までなどと事前に決めて勝ち負けを争うルールでした。酒宴の席で楽しまれることが多く、二人が交互にチャレンジして、失敗した方が酒を飲む慣わしだったと言われています。また、玉をすくえるか否かで吉凶を占うケースもあったようです(14)。

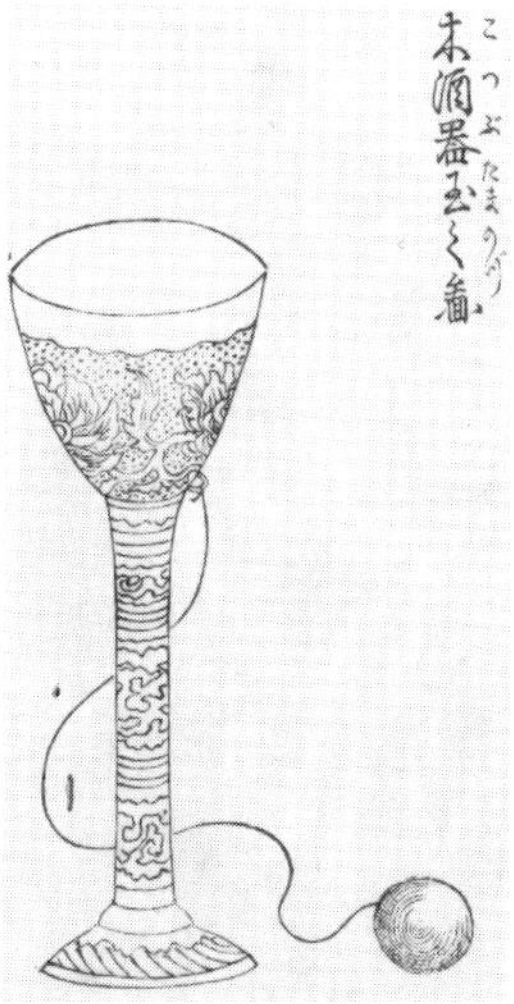

図４－５　近世後期のけん玉（『拳会角力図会　二巻』）

文政一三（一八三〇）年の『嬉遊笑覧』には「安永六、七年の頃、拳玉といふもの出来ぬ。猪口《ちょこ》の形して柄のの《（ママ）》あるもの也。それに糸を付て玉を結たり。鹿角にて造る。その玉を投て猪口の如き物の内にうけ入る也。うけ得ざる者に酒を飲しむ(15)」という記述があります。

同書は「拳玉」という名でこのボールゲームを紹介し、登場の時期を安永六（一七七七）〜七（一七七八）年頃に見ています。用具は猪口の形で柄のついた本体に糸で玉を結んだもので、鹿の角で製造していたことがわかります。プレーの形態は『拳会角力図会』と同じ内容を示し、いかに受け皿に玉を乗せるか、その技を競い合うものでした。文中に「うけ得ざる者に酒を飲しむ」とあるので、やはり酒宴の際の催しとして流行したものと考えてよいでしょう。チャレンジに失敗するたびに酒を飲むので、回が進むと酩酊状態でけん玉をしていたことになります。ここに面白味があったのかもしれません。

けん玉は、一七世紀のヨーロッパで大人の遊びとして発明され、英語でカップ・アンド・ボール（cup and ball）、フランス語でビルボゲー（bribouquet）と呼ばれた遊びだと言われています。[16]日本への伝播経路は定かではありませんが、欧州発の遊戯文化が一九世紀初頭には日本に届いていたことは興味深い事実です。

手鞠

手鞠は、片手で手のひらサイズのボール（鞠）を巧みに操作して、地面に繰り返しバウンドさせるボールゲームです。その形態から「鞠つき」とも呼ばれました。古くは、貞応二（一二二三）年の正月に宮中で「手鞠会」が開かれた記録がありますが、[17]この時は数名の大人が円陣を作り順番に鞠をつき渡していくパスゲームだったと言われます。そのため、手鞠を蹴鞠の変容形態だと見なす説も存在します。[18]

近世になると、手鞠は主に女児の正月遊びとして定着していきますが、蹴鞠のようなチーム形式は影を潜め、個人でボールを操作するものが多勢を占めるようになります。もっぱら、立ち上がってボールをついたり、両膝を地面について難易度を下げたり、あるいは縁側に座るなどしてつき続けるボールゲームになっていました。

図4－6は、女児が手鞠をプレーする様子を描いた『骨董集』の挿絵です。手鞠唄を歌いながら鞠をつき続けることが目的で、バスケットボールのドリブルのように敵や味方を見るために前方に視野を取る必要はありませんでした。また、今日普及しているゴムチューブ式の高性能なボールとは違って、バウンドした鞠が正確に跳ね返ってきたとは考え難いので、イレギュラーバウンドに備えて腰を屈め、適度に膝を曲げて、鞠を直視するフォームが必然化したと思われます。図4－7では、江戸市中の茶屋で母娘が手鞠で遊んでいます。台上の女児は、両膝をついてプレーの難易度を下げているようです。

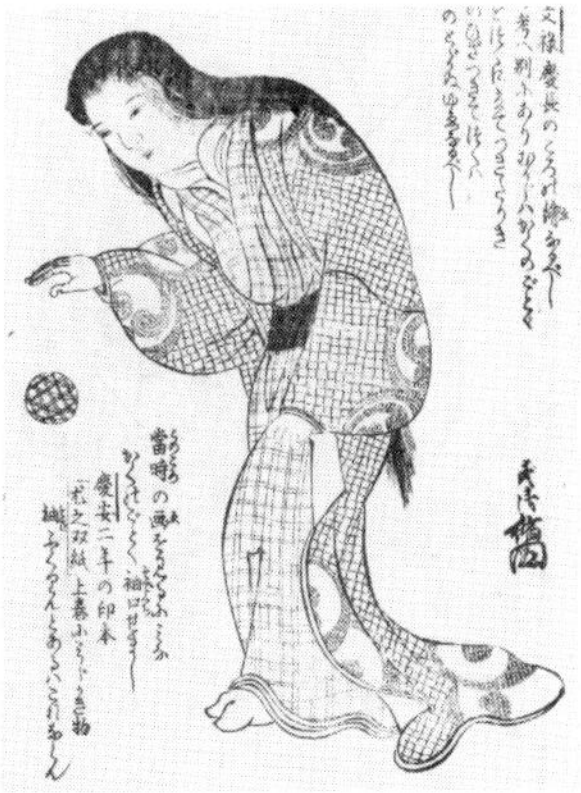

図4－6　手鞠をする女児（『骨董集　第3巻』）

稀有な事例ではありますが、複数人でボールを繋いでいくパターンで描かれた絵画も存在します。明和二（一七六五）年刊行の『絵本江戸紫』[19]の挿絵です（図4－8）。蹴鞠のように、木に囲まれたプレーグラウンドで数名の女性が空中の鞠を目で追っています。服装からしても、この鞠を足で扱うことは難しく、手で打ち繋いでいくパスゲーム形式でプレーしていたのではないでしょうか。ただし、こうしたスタイルの手鞠が描かれることは稀で、この絵画も想像図だった可能性は否めません。また、描かれたボールの種類も蹴鞠用なので、ここで言う手鞠とは別種のボールゲームとして考えることもできます。

ここで、手鞠のボールの製法に触れておきます。蚕糸を何重にも巻いて球体を作り出し、色のつい

図４－７　手鞠をする母娘（『江戸名所図会　巻之三』）

図４－８　蹴鞠形式で行われた手鞠（『絵本江戸紫』）

た糸の編み込み具合によってさまざまな模様を表現しました。鞠の中心には貝殻や鈴などを入れて、バウンドした時に音が出るような工夫も施されています。地面にバウンドさせ続けるためには弾力性が問題になりますが、鞠の芯におがくずなどの弾力のある物体を入れることでこれを解消しました。鞠のサイズは、大きいもので直径五～六寸（約一五～一八cm）でしたが、近世前期にはもっと小さなボールが使われていたそうです[20]。ハンドボール（一般・大学・高校男子用で直径一九cm）より一回り小さいサイズのボールでした。図4－9は、幕末の江戸で用いられていた手鞠のイラストです。

　このように、手の込んだ製造工程を要する手鞠は市販されることもありました。図4－10は、一八世紀中頃の京都祇園の繁華街を描いたものです。羽子板を持つ商人の背後に手鞠が並べられていて、商品として流通していたことがわかります。江戸においても、同じような光景が見られたと考えられるでしょう。

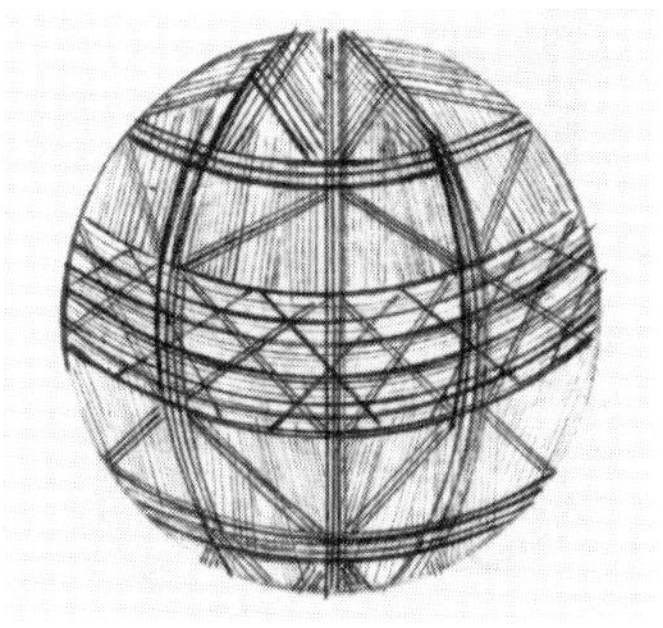
図4－9　近世後期の手鞠に用いられた鞠（『守貞漫稿　巻之二十八』）

　手鞠には、リズムに合わせて鞠をつくための唄がありました。江戸の手鞠唄は、一二カ月分の唄が続くバージョン、一〇〇章まで続くバージョンなどバリエーションが豊富でした。『守貞漫稿』に記された手鞠唄を部分的に紹介しておきましょう[21]。

図４－10　手鞠を販売する露店（『拾遺都名所図会　巻之二』）

「♪　一つとや、一夜《ひぃとよ》あくれば賑やかに、賑やかに、飾《かぁざ》り立てたる松飾り、松飾り」
「♪　二つとや、二葉の松は色ようて、色ようて、三蓋松《さんがいまぁつ》は上総山《かずさやま》、上総山」
「♪　三つとや、みなさん子供衆は楽遊び、楽遊び、穴市こまどり羽をつく、羽をつく」
（この後、さらに唄が続いていく）

こうしたリズムのある唄をどこまで歌いきれるか（バウンドを継続できるか）を巡って、数名で競い合うこともありました。手鞠は、時として競技性のあるボールゲームにもなっていたのです。

手鞠の競技性を見抜いたのが、文政九（一八二六）～一三（一八三〇）年にかけて長崎出島のオランダ商館長を務めたメイランです。メイランは手鞠が女子の正月遊びだったことに加えて、ボールについて「普通のゴルフ・ボールの大きさである。それは綿糸が巻かれたもので、強い弾力性を持っている。[22]」と記しています。また、このボールゲー

ムの競技性や技術的な要点を次のように解説しました。(23)

「その遊び方は手でその毬を床に、もしくは壁に対して打ちつけ、はずませることである。それは、それによく合わせた歌が終るまでの間続かなければならない。もしこの毬を、この歌が終る前に打ち損じたら、それは負け遊戯である。そして毬は競争相手の手に渡されるのである。この遊戯は、いかにも簡単そうにやって見せているが、実際は大変な器用さが要求される。というのは、毬のちょうど中心部が打たれなければ、それは毬を、二度目の突きの届かぬところに逸らさせてしまうからである。私はそれを体験により知ったのである。」

メイランの見聞は、手鞠唄に合わせて床や壁に向かってボールを突き続けるという手順や、ボール操作の技術的なポイントにまで及んでいます。実体験に基づき、手鞠が初心者にとって難易度の高いボールゲームであることを異文化の視点からつき止めたところに、メイランの見聞録の史料的な価値があると言えるでしょう。

ほかにも、見聞録の中で手鞠を紹介した訪日外国人に、電信施設建設のお雇い外国人として明治四（一八七一）年に来日したイギリス人のモリスがいます。モリスはこのボールゲームを“Hand-ball”と表現し、「ハンドボールやその他のゲームは、子どもたちを無邪気に楽しませながら、大人にも路地でプレーされている。[24]」と述べました。手鞠は子どものみならず、大人によってもプレーされていたと言うのです。モリスの見聞録[25]に添えられたイラストは、女児と大人の女性が一緒に手鞠を楽しんでいるように見えます（図4－11）。

図4－11　モリスの著作に掲載された手鞠（HAND BALL）の様子（*Advance Japan : A Nation Thoroughly in Earnest*）

3　足を使うボールゲーム

巧みな足さばきでボールを扱うボールゲームもありました。ここでは、華麗なリフティング技術で古来より各階層の日本人に愛されてきた蹴鞠、同じく常人離れしたテクニックでボールを蹴り続け観客を魅了した曲鞠について見ていきましょう。

蹴鞠

中国大陸から古代の宮中に伝わり優雅な嗜みとして継承されてきた蹴鞠は、中世には武士にも愛好され、近世になると庶民も楽しめるボールゲームとして広まっていきます。一般庶民の蹴鞠は「地下《じげ》

図4－12　飛鳥井家で行われた蹴鞠（『都林泉名勝図会　巻之一』）

鞠《まり》」と呼ばれました。

近世中期以降、蹴鞠の世界には飛鳥井家と難波家の二大家元が君臨し、その下に「鞠目代《まりもくだい》」という師範代が置かれました。鞠目代は蹴鞠技術に秀でた存在で、地域や身分に応じて全国に一定数が配され、各地の愛好者に蹴鞠の何たるかを指導しました。頂点の家元からライセンスを付与された、蹴鞠界の公認コーチ兼トッププレーヤーとでも表現できるでしょうか。鞠目代の中には江戸の庶民も含まれていました。度々開催された江戸城内の蹴鞠の将軍上覧にも、庶民の鞠目代が参加しています[26]。

近世の蹴鞠の競技法や作法は、原則として中世に形成されたものが継承され、ボールを地面に落とすことなく蹴り上げて、連続的に受け渡していくパスゲーム方式が維持されていました。競技場の「鞠庭」に植樹する「懸の木」も健在です。

『都林泉名勝図会[27]』の挿絵には、一八世紀末に京都の飛鳥井家で催された蹴鞠が描かれています（図4－12）。飛鳥井家では、毎年七夕に蹴鞠の会を行うことが恒例でした。四本の懸の木が植えられた鞠庭で八人の鞠足がプレーしています。鞠庭を囲う「鞠垣」の外には、大勢の観客の姿が見えます。

図4－13は一八世紀末の『摂津名所図会』(28)に描かれた温泉地（多田温泉）に設置された鞠庭です。フェンスの内側で、数名が蹴鞠を楽しんでいます。想像の域を出ませんが、旅行文化が成熟した近世の温泉地には気軽にボールを蹴って遊べる「温泉卓球」ならぬ「温泉蹴鞠」が定着していたのかもし

図4－13　多田温泉に設置された鞠庭（『摂津名所図会　六巻』）

図4－14　江戸庶民の蹴鞠の様子（『北斎漫画　1編』）

れません。

図4－14は、『北斎漫画』(29)に描かれた江戸の蹴鞠です。着衣から判断するに一般庶民だと思われますが、蹴鞠の専用シューズ（鞠沓）ではなく、草履で鞠を蹴り上げているところは興味深い光景です。江戸庶民の地下鞠では装束などはそれほど問題にされず、純粋に鞠を蹴り上げることを楽しむような手軽さがあった可能性が透けて見えてくるからです。古代貴族に根付いた海外由来の蹴鞠という優雅なボールゲームは、中世武家によって洗練され、近世になってついに庶民層にまで辿り着きました。

初代駐日英国公使として安政六（一八五九）年に来日したオールコックは、その見聞録の中で蹴鞠に触れています。図4－15は彼の著書“The capital of the tycoon”(30)に添えられたイラストです。イラスト自体は日本の絵画の写しのようですが、オールコックはこの絵に“playing at ball”とキャプションをつけました(31)。

図4－15　オールコックの著作に掲載された蹴鞠（PLAYING AT BALL）の様子（*The capital of the tycoon : a narrative of a three years'residence in Japan*）

また、文久二（一八六三）年にスイスから来日したアンベールの“Le Japon illustré”(32)のイラスト（図4－16）には、京都の蹴鞠の様子が描かれています。図4－15・4－16ともに、一人が単独で鞠を蹴っていて、チーム競技としての体裁は取られていません。このように一人でプレーする形態は「独足」と呼ばれました[33]。

ほかにも、諸民族のゲーム研究者として知られるアメリカのキューリンは、さまざまな文献を参照しながら日本の蹴鞠を解説しました。歴代の天皇や将軍が蹴鞠をこよなく愛したことに加え、家元である飛鳥井家の存在も明記されています[34]。図4－17は、キューリンの著書[35]に掲載されたイラストです。

第1章・第2章でも取り上げたように、蹴鞠に使うボールは、丸く加工した鹿の革二枚を馬の革で綴じ合わせて作られていたため、完全な球体ではなく中心がくびれたような形が特徴です。鞠の内部は中空で非常に軽く、一五〇g前後、直径二〇cm程度が標準サイズだったと言われています。強度、弾力ともに今のサッカーボールやラグビーボールには遠く及ばず、鞠の構造からしても力強いキックはできませんでした。鞠を破損させずに確実に足先で捉える専用シューズが「鞠沓」です。つま先の部分が鴨のくちばしのように広がっていることから「鴨沓《かもくつ》」とも呼ばれました。第2章では木製の蹴鞠シューズを取り上げましたが、近世には革製のシューズも存在していたようです。

図4－18は、『和国諸職絵つくし[36]』の一枚で、蹴鞠の用具を作る職人の姿を描いたものです。江戸には蹴鞠用具を製造する専門の職人がいました。古代と中世の章でも登場した業種ですが、ボールを作る職人は「鞠括り」、シューズを作る職人は「沓造り」と称されました。文政七（一八二四）年刊行の『江戸買物独案内[37]』は江戸市中の商店や飲食店を紹介したガイドブックですが、そこには「御鞠御沓師」として蹴鞠の鞠と沓の販売店が紹介されています（図4－19）。江戸の街中で購入できる商

品として蹴鞠用具が流通していたようです。

図4－16　アンベールの著作に掲載された京都の蹴鞠の様子（*Le Japon illustré*（*t. 2*））

FIG. 65.—KEMARI ASOBI. FOOT-BALL PLAY. JAPAN. (BOKU-SEN.)

図4－17　キューリンの著作に掲載された京都の蹴鞠の様子（*Korean Games : With Notes on the Corresponding Games of China and Japan*）

図４－18　蹴鞠の用具を作る職人（『和国諸職絵つくし』）

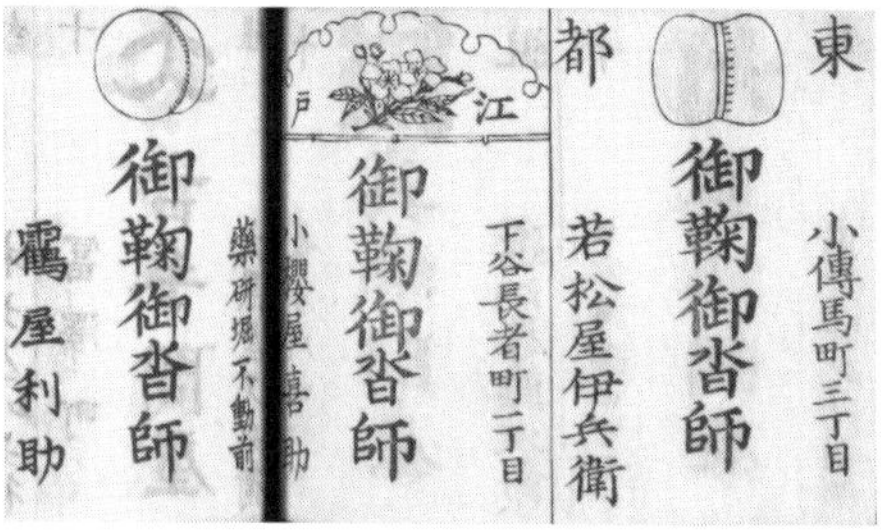

図４－19　ガイドブックに掲載された蹴鞠用具販売店の広告（『江戸買物独案内　下巻』）

曲鞠

人並はずれたテクニックを駆使してボールを蹴る見世物を曲鞠と呼びました。観客に見せることを前提としたリフティングの職人芸です。

天保一二（一八四二）年三月、浅草寺観音の開帳に合わせて境内の奥山という場所で曲鞠の見世物が行われました。大坂出身の菊川国丸が披露する曲鞠はたちまち評判となり、日を追うごとに見物客が増えていきました。この時の様子は、『武江年表』に「菊川國丸といへる者、同所（浅草寺奥山―引用者注）にて曲鞠を蹴る、見物日毎に山をなせり」と記録されています。(38)

肥前国平戸藩（現在の長崎県平戸市）の松浦静山の随筆集『甲子夜話』には、人づての見聞ではありますが、この曲鞠の一部始終が紹介されています。(39)菊川国丸が披露した演目はかなりの数に及んでいますが、以下ではそのいくつかを取り上げて国丸の華麗なる足技の世界を共有していきましょう。

「扇留」は鞠を蹴り上げて、片手に持った扇の上で受け止めて静止させる技でした。「負鞠」は蹴り上げた鞠を背中で受け止めて、背中の上で鞠を弾ませます。他にも、ヘディングを連続させたり、鞠を上空に高く蹴り上げるような技も充実していました。鞠をつきながら花を生けたり、足袋を脱いだり、半紙に文字を書くといった芸当も、菊丸にかかればお手の物です。

「乱杭渡」と「下り藤」はセットになった連続技でした。まず、二間半（約四・五ｍ）の間隔で並ぶ高さ三尺（約九〇㎝）の杭の上で鞠を蹴り進み、渡り終えたら予め設置しておいた松の垂れ枝にぶら下がり、地上から浮いた足で鞠を蹴り上げます。エンターテインメント性にあふれた演目です。

「梯子升」は鞠を蹴りながら急な階段を昇降する演目です。難易度の高いダイナミックなパフォーマンスは、観客を魅了したに違いありません。「八つ橋」は八つに折れ曲がった細い板橋の上を、鞠

図4－20　浮世絵に描かれた国丸の曲鞠（『菊川国丸の曲鞠』）

図4－21　猫を擬人化して描かれた国丸の曲鞠（『流行猫の曲手まり』）

を蹴り上げながら渡るものでした。進路が直角になるので、かなり難解な技だったことが想像できます。

　このように、菊川国丸という芸人が披露した曲鞠とは、今日のサッカー選手も顔負けの高難度のリフティングでした。江戸の人々が国丸の曲鞠を見たさに黒山の人だかりを作ったのもうなずけます。

　世間を賑わせた菊川国丸の曲鞠は、浮世絵にも描かれています。歌川国芳は、この曲鞠の演目のいくつかを1枚に収めて描き込みました（図4

－20）。同じく、国芳は猫を擬人化して、曲鞠の演目を描写しました（図4－21）。国丸の曲鞠が江戸人の心を捕え、一大ブームになっていたことがわかります。

4　打具を使うボールゲーム

手や足で直接ボールを操作するのではなく、用具を介してボールをコントロールしながら行うボールゲームもありました。これに当てはまるスポーツが打毬、羽根つき、毬杖ですが、打毬は第3章で詳しく取り上げたので、ここでは残りの二つについて、江戸庶民との関わりを捉えていきましょう。

羽根つき

羽根つきは主に女児の間で行われた、凧揚げや独楽回《こま》しと並ぶ代表的な正月遊びでした。今日のバドミントンのように、二人で向かい合って羽根を羽子板で打ち合う形態が思い浮かびますが、実はそのプレースタイルは多様です。三人以上が集まれば、参加者で円を形成して一つの羽根を地面に落とさず順に打ち繋いでいき、受け損じた者を負けとする「追い羽根」が行われました。また、一人で連続的に羽根を高く突き上げて、その回数を競う形態は「あげ羽子」とか「ひとり突き」などと呼ばれたそうです(40)。

第2章で見たように、中世社会に現れた羽根つきはもともと厄除けの行事でしたが、近世になると羽根つきの呪い説は次第に否定され、健康の保持増進の意義が強調されるようになりました。屋外で風に吹かれながら、上空を見上げて羽根をつく姿勢は子どもの健康に良いとされ[41]、そのような養生思想とも結びついて女児の正月遊びとして大いに推奨された側面も見逃せません。男児の凧揚げも、同様の理由から推奨された正月遊びです。この健康論は中国の書物に由来するものですが、中国では正月遊びとして手を使わない「羽根けり」が盛んに行われていたと言われます。

江戸の女性たちは、迎春のために新調した着物や履物に身をまとい、流行の化粧をして羽根つきを楽しみましたが、そのぶん服装によって運動に大きな制限がかかっていたに違いありません。羽根を受け損じて地面に落としたら、顔に墨や白粉を塗られたり羽子板で尻を叩かれることもありました[42]。江戸の正月は羽根つきに興じる女性たちの笑い声が響き渡っていたそうです。動きにくい服装がミスプレーを誘発し、さらに罰ゲームの存在がエッセンスとなって羽根つきは誰でも楽しめる面白味のあるボールゲームとなっていたのでしょう。

図4－22は、近世後期の江戸市中で正月遊びとして羽根つきが行われているシーンです。女性に混じって男児の姿も描かれています。正月の羽根つきはもっぱら女性スポーツのイメージがありますが、この魅力あるラケットスポーツに男性陣が加わっていたとしても不思議ではありません。

オールコックの著作[43]には、男児に羽根つきを指南する母親の姿が描かれています（図4－23）。

図４－22　正月に羽根つきをする江戸の女性と子ども
（『江戸府内絵本風俗往来』）

図４－23　オールコックの著作に掲載された羽根つき（Maternal Lesson）の様子（*The capital of the tycoon : a narrative of a three years'residence in Japan*）

キャプションは“Maternal Lesson”です。日本の絵画を模写したものでしょうが、このボールゲームには、さまざまなかたちで男女が入り混じる場合があったことを想起させます。

女児の正月遊びだけあって、美しい羽子板を正月に贈答する風習も生まれました。次第にエスカレートして、金箔を押して蒔絵を施した贅沢な羽子板も登場します。華美な羽子板に対して、幕府から禁令が下る事態にも発展しました[44]。

『骨董集』[45]に載せられた羽子板のイラストには、板のサイズは上底が三寸一分（約一〇㎝）、打球面の縦は五寸八分（約一七㎝）、グリップ部分は二寸九分（約八㎝）、厚さは一分五厘（約五㎜）と書かれています（図4－24）。概ね、羽子板のサイズ感を知ることができるでしょう。

羽子板はもともと京都で製造されることが多く、「京羽子板」の名で江戸でも販売されていました。羽子板を製造する職人の姿は、一七世紀末頃の書物の中で確認することができます。(46)『拾遺都名所図会』(47)には、京都の祇園で羽子板と手鞠を店頭で販売する商店が描かれています（図4－10）。やがて、文化・文政期（一八〇四～三〇）になると江戸で「押絵羽子板」が生み出され、庶民の間で流行しました。桐板で製造された羽子板は、鳥の羽とムクロジの実で作った羽根と共鳴して、江戸の正月に心地よい音色を届けていました。

図4－25は、『守貞漫稿』(48)に描かれた羽根のイラストです。右は京都や大坂で使われた羽根で、六cmほどの細い竹串の先端に鳥の羽を糸で巻き付けて作りました。逆の先端にはムクロジの実を刺して固定します。左が江戸の羽根です。江戸では竹串は使わずにムクロジの実に直接羽根を差し込んだようです。(49)

キューリンは、このボールゲームを「日本では、正月に女児がシャトルコックを用いて遊んでいる。彼女らは打具として羽子板を使用する。通常、羽子板は桐材で作られているか、もっと安価な種類の杉などで作られ、片面には人気役者などの顔が描かれている場合がある。シャトルコックは、いくつかの小さな羽が取り付けられた木蓮の種子で製造されている。(50)」と解説しました。前述してきた説明と、大同小異だと言えるでしょう。

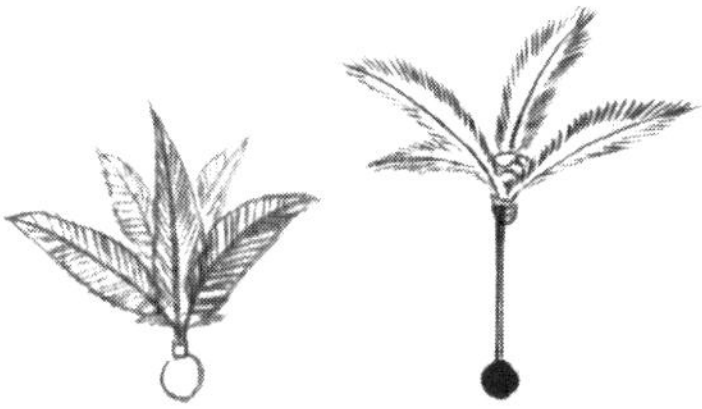

図4－25　羽根のイラスト（『守貞漫稿　巻之二十八』）

Fig. 61.—Hago asobi. Shuttlecock Play. Japan. (Boku-sen.)

図4－26　キューリンの書籍に掲載された“HAGO ASOBI”（羽子戯）のイラスト（*Korean Games: With Notes on the Corresponding Games of China and Japan*）

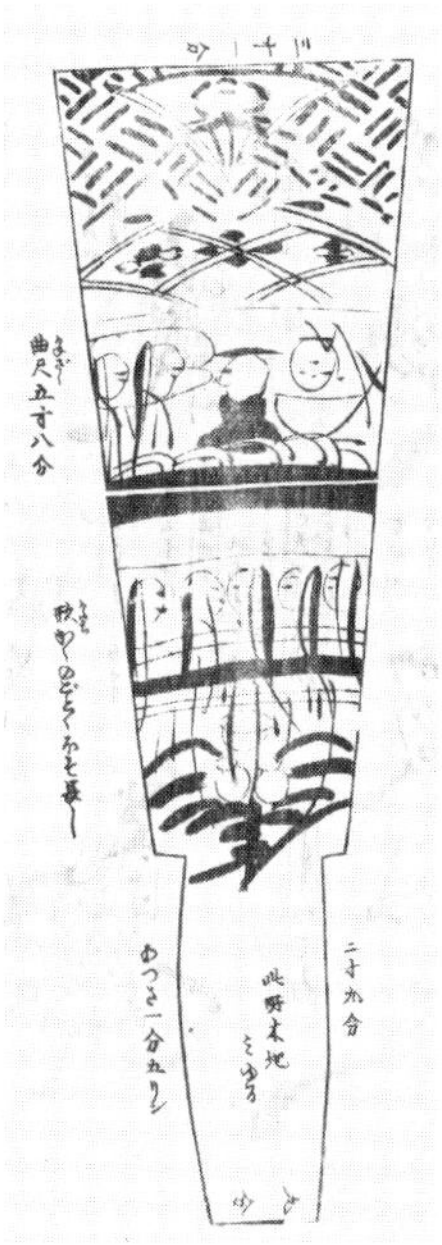

図4－24　羽子板のイラスト（『骨董集』）

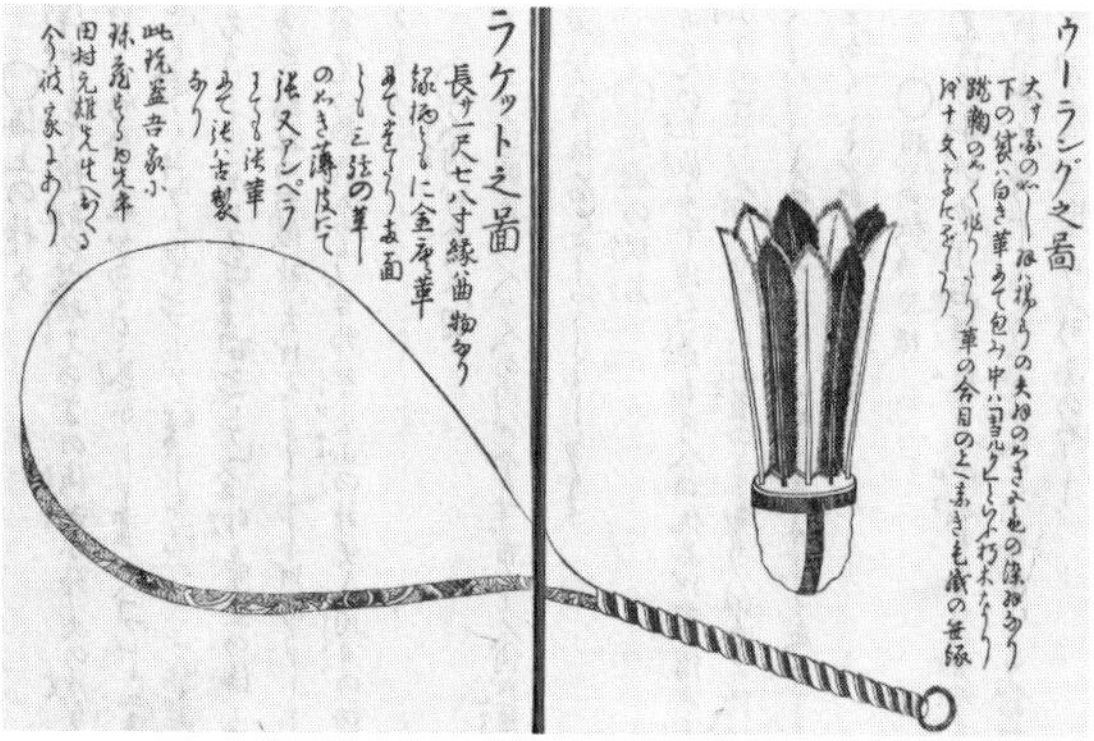

図4－27　17世紀に長崎出島に紹介されたラケットスポーツ
（『紅毛雑話　巻之一』）

実は、羽根つきによく似た西洋のラケットスポーツが、早くも一八世紀後半には日本に紹介されていました。天明七（一七八七）年刊行の森島中良の『紅毛雑話　巻之一』には、長崎の出島のオランダ屋敷で遊ばれていたボールゲームが図版入りで紹介されています(51)。図4－27を見ると、打具を「ラケット」、羽根を「ウーラング」と称していたことがわかります。

イラストに添えられた説明文によると、打具は木製ですが、表面には薄い皮革を両側から張って製造していたそうです。長さは一尺七～八寸（約五一・五～五四・五㎝）とあるので、前述した日本の羽子板よりもロングサイズでした。また、羽根のイラストは今日のバドミントンのシャトルコックによく似た見栄えです。説明文によると、「『キョルク』（コルク―引用者注）という朽木」と羽を組み合わせて製造されたようなので、やはり今日のシャトルコックに近い構造だったことがわかります。

当時、長崎出島でオランダ人が行っていたのは、「バトルドアー・アンド・シャトルコック」と呼ばれるスポーツでした[52]。この時代にはまだバドミントンは存在しませんが、その原型となるような西洋のボールゲームが、長崎のオランダ人を介して日本に持ち込まれていたと推測できます。

さらに興味深いのは、『紅毛雑話　巻之五』に収録された「近頃此鞠（蹴鞠―引用者注）と紅毛羽子板の二種を東都照降街に住する佐々木与兵衛なる者に教て作らしむ[53]」という解説です。蹴鞠と紅毛羽子板の用具の製造は、江戸の照降町に住む佐々木与兵衛という職人に発注されていました。この用具の製造法が、近世のうちに日本国内に普及することはありませんでしたが、長崎に到達した西洋のボールゲームの波が、開国を待たずして江戸の職人にまで届いていたという事実を確認しておきましょう。

毬杖

毬杖は、木槌を使って相手から打ち込まれたボールを打ち返すボールゲームです。馬上で杖を手にして毬をゴールに投げ入れる打毬は武士のスポーツでしたが、庶民はもっぱら毬杖の方を楽しんでいました。

近世に行われた毬杖は、基本的には子どもの正月遊びでした。図4－28は、山東京伝の『骨董集[54]』に描かれた毬杖の道具です。このような木槌と木製のボールが用いられましたが、同書が成立した文化一〇（一八一三）年の時点では、すでに見ることのない歴史上の代物になっていました。

図4－28　毬杖の道具（『骨董集』）

毬杖は打毬から派生したという説もあります。近世の遊戯論者たちは「毬杖ぶりぶりの遊は、打毬より起る[55]。」、「毬杖ハ元打毬の変風なるべし[56]」などと解説しました。しかし、打毬のボールが弾性のある球体だったのに対して、毬杖のボールは木を削って作られていました。丸太を輪切りにした円盤状のボールを使うこともあったそうです。図4－29は、『世諺問答』[57]に描かれた中世末期の毬杖の模様です。竹ぼうきやぶりぶりを手に競技に参加している者もいます。

『骨董集』には毬杖のルールが説明されています。二チームに分かれて、一〇間（約一八m）から一二～一三間（約二一・六～二三・四m）ほど離れて両チームが対峙します。その中央にセンターラインを引き、片方のチームが投げたボールを、もう片方のチームが毬杖と呼ばれた木槌を使ってディフェンスしました。もし、ディフェンス側が止められずにボールがセンターラインを越えて動きが止まったら、投げた側にポイントが入ります。反対に、センターラインより前でボールを食い止めて相手陣内へ打ち返せば、ディフェンス側にポイントが入りました[58]。

このように、『骨董集』に掲載された毬杖とは、両チームの攻防が交互に入れ替わり、オフェンス側が飛ばしたボールをディフェンス側が木槌ではね返すボールゲームだったと言えるでしょう。第1章と第2章で見た毬杖の様子と大同小異なイメージです。

これと類似した形態のボールゲームが全国各地で確認されますが、その勝敗の決定方法は山東京伝が紹介したポイントを争うタイプのほかにも、相手チームを一定エリアまで追い詰める陣取り型のルールが存在しました。両者の共通項は、「一回ごとに完結する攻防の積み重ね」だったと言われます。[59] なお、キューリンは著書の中で、類似のボールゲームとして鹿児島のハマ投げに触れています。[60]

図4－29　中世に行われていた毬杖（『世諺問答　上』）

ところで、毬杖は近世を通して盛んに行われたスポーツではありませんでした。一八世紀初頭の書物にも、木槌を用いた毬杖はほとんど見られなくなったと記されています。[61] この時代には、すでに毬杖は児戯としても衰退していたのです。

中世に引き続いて、江戸の子どもたちの間では「ぶりぶり」が行われていました。第2章で見たように、室町時代には毬杖とぶりぶりが併存して楽しまれていましたが、近世になると毬杖は廃れて、ぶりぶりが生き残ります。同じくボールを打ち合うボールゲームでしたが、木槌ではなく、八角形にかたどったバット状の木材に紐をつけ地面を引きずるようにして操作しました。ただし、ぶりぶりは男児に農作業を覚えさせるための正月遊びだという説もあるので[62]、必ずしも毬杖と同類のボールゲームとして扱うことできません。

『絵本大和童』[63]（図4－30）には、八角形にかたどった木製の打具（ぶりぶり）で、平たい木の球を打ち合っている姿が描かれています。躍動感のあるボールゲームだった様子が伝わってきます。竹ぼうきや箕も打具として使われていたようです。『絵本大和童』は享保九（一七二四）年の作品ですが、この時期には毬杖にとって変わってぶりぶりが盛んになっていました。

ぶりぶりも近世後期には衰退していきました。武士の騎馬打毬のように将軍の号令があればともかく、毬杖にしろ、ぶりぶりにしろ、庶民の間で広いプレーグラウンドを使ったスポーツ競技が長い期間をかけて定着していくのは、そう簡単なことではなかったのでしょうか。

図4－30　ぶりぶりを楽しむ子どもたち（『絵本大和童』）

5　江戸のボールゲームの特徴

本章では、江戸のボールゲームの全体像を見てきました。近世日本の大都市では、庶民の男性のみならず女性や子どもに至るまで、幅広い層の人々が多種多様なボールゲームをプレーしていたことがわかりました。本章では、運動技術の視点から手を使う、足を使う、打具を使うという三パターンに分類しましたが、それぞれのボールゲームの行われ方を考えれば、なおさまざまなカテゴライズが可能です。

技の「達成度」を争点とするボールゲームがお手玉とけん玉でした。いずれも、互いに同じ運動課題（回数など）を設定して、どちらが先に達成できるのか、その出来栄えを競い合うところにゲームが成立します。

「継続」を目指すボールゲームもあります。手鞠は、手鞠唄が終るまではミスをせずにボールをバウンドさせ続ける技量が必要でしたし、蹴鞠はボールを地面に落とさずにチームでパスを繋ぎ続けることを目指して足技が磨かれていました。

ボールを「打ち返す」ことを趣旨とするボールゲームには、羽根つきや毬杖があります。それぞれ個人とチームという違いこそあれ、打具を用いた対人形式のボールゲームでした。いずれも、正月遊びとして子どもが主な担い手だったところに特徴があります。

「数量」で優劣を判定する機能を持っていたのが蹴鞠と打毬（第3章を参照）です。蹴鞠はボールを蹴り繋いだ数を競い、打毬はゴール成功数によってゲームが大きく動きました。こうしたパフォーマンスの「数量化」と、それにともなう「記録への固執」は、かつてグットマンが示した近代スポーツのメルクマールを部分的に満たすものです(64)。

技の追求が高度に進んだ結果、ボールゲームを「魅せる」ことを前提とした大道芸（曲鞠）も登場します。達人が披露した華麗なボールさばきは、観客から見物料を徴収するに足る曲芸の域に達していました。

このように、江戸のボールゲームはさまざまな要素が複合的に絡み合って成立していました。発展史的に見れば、江戸のボールゲームは近代ボールゲームの前史にも位置づけられます。視点をかえれば、活発なボールゲームの存在をもって、やがて渡来する西洋由来のボールゲームを受け入れる素地が近世の江戸に芽吹いていたと考えることもできるでしょう。円い物体を使って遊ぶという慣習そのものがなければ、近代のボールゲームは手に負えない未知の運動として棚上げされてしまったかもしれません。

忘れてはならないのが、江戸の庶民が楽しんだボールゲームの多くが、もとを辿れば古代に大陸から輸入した外来スポーツだということです。日本人は、古代、中世、近世に至るまで、担い手を変えながら外来のボールゲームに大小の日本的な改良を加え、質量ともに発展させてきました。

こうして、一〇〇〇年以上の時間をかけて熟されたボールゲームの文化を持っていた日本に、いよいよ、私たちが慣れ親しむ欧米産のボールゲームが大量に移入されてきます。第5章では、古代に匹敵する外来スポーツの輸入期を迎えて、日本人がボールゲームとどのように向き合っていったのか、その事情を見ていきましょう。

〈引用文献〉
（1）喜多村信節「嬉遊笑覧　序」『嬉遊笑覧（一）』岩波書店、二〇〇二、一三頁
（2）谷釜尋徳「近世後期における江戸庶民の勧進相撲興行見物の実際」『スポーツ健康科学紀要』一一号、二〇一四、五五—七七頁
（3）「嘉永元年　五郎兵衛新田村雨乞相撲入用帳」『長野県史　近世史料編　第二巻（二）東信地方』長野県史刊行会、一九七九、一〇〇九—一〇一〇頁
（4）谷釜尋徳『歩く江戸の旅人たち——スポーツ史から見た「お伊勢参り」——』晃洋書房、二〇二〇、一〇八—一一八頁、一三六—一四〇頁、一五三—一五四頁
（5）ハイネ著、中井晶夫訳『ハイネ世界周航日本への旅』雄松堂出版、一九八三、二三四頁
（6）内山治樹「球技の特徴」『球技のコーチング学』大修館書店、二〇一九、一九頁
（7）シュテーラー・コンツァック・デブラー著、唐木國彦監訳『ボールゲーム指導事典』大修館書店、一九九三、六—七頁
（8）グリフィンほか著、高橋健夫・岡出美則監訳『ボール運動の指導プログラム』大修館書店、一九九九、八—九頁
（9）岸野雄三『体育史』大修館書店、一九七二、九〇頁／岸野雄三「スポーツの技術史序説」『スポーツの技術史』大修館書店、一九七二、二六頁
（10）喜田川守貞『守貞漫稿　巻之二十八』（写本）

（11）越谷吾山『諸国方言物類称呼　巻五』須原屋市兵衛、一七七五
（12）喜田川守貞『守貞漫稿　巻之二十八』（写本）
（13）義浪『拳会角力図会　二巻』河内屋太助、一八〇九
（14）義浪『拳会角力図会　二巻』河内屋太助、一八〇九
（15）喜多村信節「嬉遊笑覧」『嬉遊笑覧（四）』岩波書店、二〇〇五、二九六頁
（16）リンハルト『拳の文化史』角川書店、一九九八、四四頁
（17）「吾妻鏡」国書刊行会編『校訂増補　吾妻鏡　下巻』大観堂、一九四三、四〇頁
（18）山東京伝『骨董集』文溪堂、一八一三
（19）禿帚子『絵本江戸紫』須原屋茂兵衛、一七六五
（20）喜田川守貞『守貞漫稿　巻之二十八』（写本）
（21）喜田川守貞『守貞漫稿　巻之二十八』（写本）
（22）メイラン著、庄司三男訳『メイラン　日本』雄松堂出版、二〇〇二、一九五頁
（23）メイラン著、庄司三男訳『メイラン　日本』雄松堂出版、二〇〇二、一九五頁
（24）J. Morris, *Advance Japan : A Nation Thoroughly in Earnest*, W.H. Allen, 1895, p. 83
（25）J. Morris, *Advance Japan : A Nation Thoroughly in Earnest*, W.H. Allen, 1895, p. 81
（26）東京都江戸東京博物館編『江戸のスポーツと東京オリンピック』東京都江戸東京博物館、二〇一九、三五頁
（27）秋里籬島『都林泉名勝図会　巻之一』須原屋善五郎、一七九九
（28）秋里籬島『摂津名所図会　六之巻』小川太左衛門、一七九六
（29）葛飾北斎『北斎漫画　初編』竹川藤兵衛、一八一四
（30）Rutherford Alcock, *The capital of the tycoon : a narrative of a three years'residence in Japan*, Bradley Co, 1863, p. 280

（31） Rutherford Alcock, *The capital of the tycoon : a narrative of a three years' residence in Japan*, Bradley Co, 1863, p. 281

（32） Aimé Humbert, Le Japon illustré（t. 2), Libr. de L. Hachette, 1970, p. 409

（33） 石井昌幸「蹴鞠」『民族遊戯大事典』大修館書店、一九九八、六二頁

（34） Stewart Culin, *Korean Games : With Notes on the Corresponding Games of China and Japan*, University of Pennsylvania, 1895, pp. 41-43

（35） Stewart Culin, *Korean Games : With Notes on the Corresponding Games of China and Japan*, University of Pennsylvania, 1895, p. 42

（36） 菱川師宣『和国諸職絵つくし』（写本）一六八五

（37） 中川五郎左衛門『江戸買物独案内　下巻』山城屋佐兵衛、一八一〇

（38） 斎藤月岑「武江年表」『増訂　武江年表』国書刊行会、一九一二、二三三頁

（39） 松浦静山「甲子夜話」『甲子夜話　三編　四』平凡社、一九八三、二六九—二七三頁

（40） 可児徳・矢嶋鐘二『小学校遊戯の理論及実際』東京宝文館、一九一三、二七五—二七六頁

（41） 香月牛山『小児必用養育草　巻六』一七〇三

（42） 菊池貫一郎『江戸府内絵本風俗往来』青蛙房、一九六五、一三頁

（43） Rutherford Alcock, *The capital of the tycoon : a narrative of a three years' residence in Japan*, Bradley Co, 1863, p. 281

（44） 鈴木敏夫「徳川幕府法令における遊戯統制」『北海道大学教育学部紀要』三五号、一九八〇、八七頁

（45） 山東京伝『骨董集』文溪堂、一八一三

（46） 蒔絵師源三郎『人倫訓蒙図彙』平楽寺、一六九〇

（47） 秋里籬島編『拾遺都名所図会』吉野屋為八、一七八七

（48）喜田川守貞『守貞漫稿　巻之二十八』（写本）
（49）喜田川守貞『守貞漫稿　巻之二十八』（写本）
（50）Stewart Culin, *Korean Games : With Notes on the Corresponding Games of China and Japan*, University of Pennsylvania, 1895, p. 40
（51）森島中良『紅毛雑話　巻之一』塩屋喜助、一七八七、一二―一三帖
（52）阿部一佳「バドミントン」『最新スポーツ大事典』大修館書店、一九八七、一〇〇二頁
（53）森島中良『紅毛雑話　巻之五』塩屋喜助、一七八七、二帖
（54）山東京伝『骨董集』文溪堂、一八一三
（55）喜多村信節「嬉遊笑覧」『嬉遊笑覧（三）』岩波書店、二〇〇四、二七六頁
（56）山東京伝『骨董集』文溪堂、一八一三
（57）一条兼良『世諺問答　上』安田十兵衛、一六六三
（58）山東京伝『骨董集』文溪堂、一八一三
（59）寒川恒夫「ぎっちょう」『最新スポーツ大事典』大修館書店、一九八七、二〇二―二〇三頁
（60）Stewart Culin, *Korean Games : With Notes on the Corresponding Games of China and Japan*, University of Pennsylvania, 1895, pp. 57–58
（61）寺島良安『倭漢三才図会』秋田屋太右衛門、一八二四
（62）山東京伝『骨董集』文溪堂、一八一三
（63）中城正堯『江戸時代　子ども遊び大事典』東京堂出版、二〇一四
（64）グットマン著、谷川稔・石井昌幸・池田恵子・石井芳枝訳『スポーツと帝国――近代スポーツと文化帝国主義――』昭和堂、一九九七、三―四頁

第5章

ボールと日本人の新しい関係

日本型から欧米型へ

1　新しいスポーツとの出会い

近代スポーツの時代

徳川幕府から明治政府への政権交代劇をきっかけに、日本は文明開化の時代を迎えます。スポーツについても例外ではなく、日本人は在来のスポーツよりも西洋由来の近代スポーツに惹かれ、これを積極的に摂取するようになりました。近代は市民社会ですから、スポーツの主役は近世に引き続いて一般大衆が担っていきます。ただし、欧米産の近代スポーツに触れるチャンスを得やすかったのは、しばらくの間は富裕層や高等教育機関に通うエリート層でした。

① 学校教育に取り入れられたボールゲーム

明治五（一八七二）年の「学制」発布以降、近代スポーツ摂取の旗振り役となったのが学校です。そこでは、正課ないし課外体育の教材として外国産のスポーツに期待が寄せられるようになりました。

とくに、欧米のスポーツは大学などの高等教育機関で積極的に採用されます。大学への本格的な欧米スポーツの導入に貢献した人物がF・W・ストレンジでした。イギリスのパブリックスクール出身のストレンジは、明治八（一八七五）年に英語教師として来日し、東京英語学校、東京大学予備門、第一高等学校の学生を相手に、陸上競技やボートなどの西洋式のスポーツを熱心に教えました。日本人学生と居留地外国人とのスポーツ交流の橋渡し役も担います。[1] ストレンジの思考は、単なる趣味としてのスポーツの導入にとどまらず、その教育的な価値の追求にもおよんでいます。イギリス流のスポーツマンシップを日本の学生に説いているからです。

明治一六（一八八三）年、ストレンジは日本初のスポーツガイドブック“OUTDOOR GAMES”[2] を丸善から英文で出版しました。同書にはさまざまなスポーツ種目が紹介されていますが、ボールゲームに関わるものを目次から拾うと、“CATCH BALL”“HOCKEY”“FOOTBALL”“LAWN TENNIS”“CRICKET”“BASE BALL”などが挙げられます。そのすべてがストレンジによって日本の学生に指導されたかどうかはともかく、明治初期に西洋のボールゲームが書物を通して日本に持ち込まれていたのです。

明治一八（一八八五）年には、体操伝習所の教員だった坪井玄道らによって『戸外遊戯法』が出版されます。同書の序文に「本書ハ現今欧米諸邦ニ行ハルヽ戸外遊戯法ノ諸書ニ就キテ其緊要ノ部分ヲ抄訳シ[3]」と記されているように、これは欧米スポーツの日本への導入を意図したものでした。『戸外遊戯法』によって、学校での欧米スポーツの導入はその軌道を敷かれることになります[4]。『戸外遊戯法』には多様な種目が収載されていますが、その中にはフットボール、テニス、ベースボールなどの

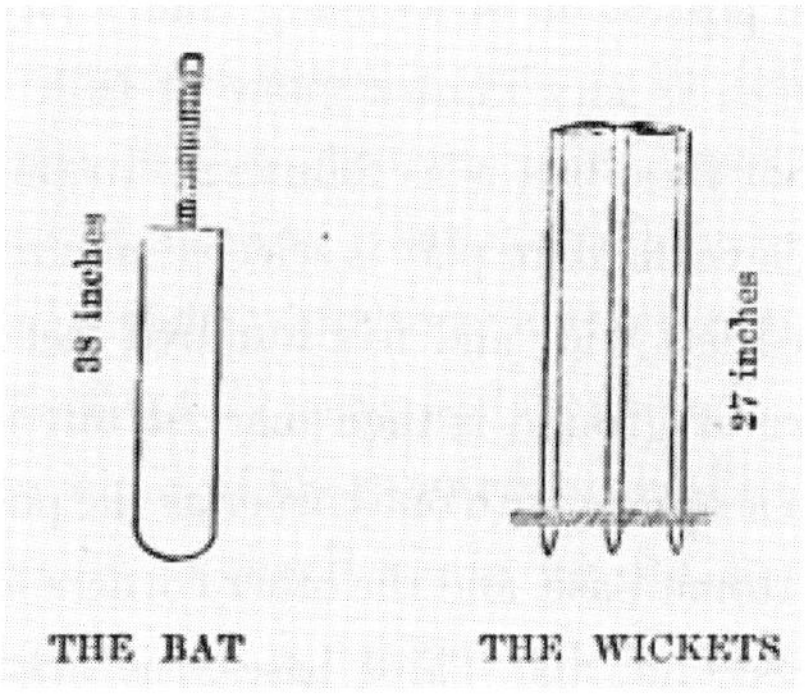

図５－１　OUTDOOR　GAMESに掲載されたクリケットの用具

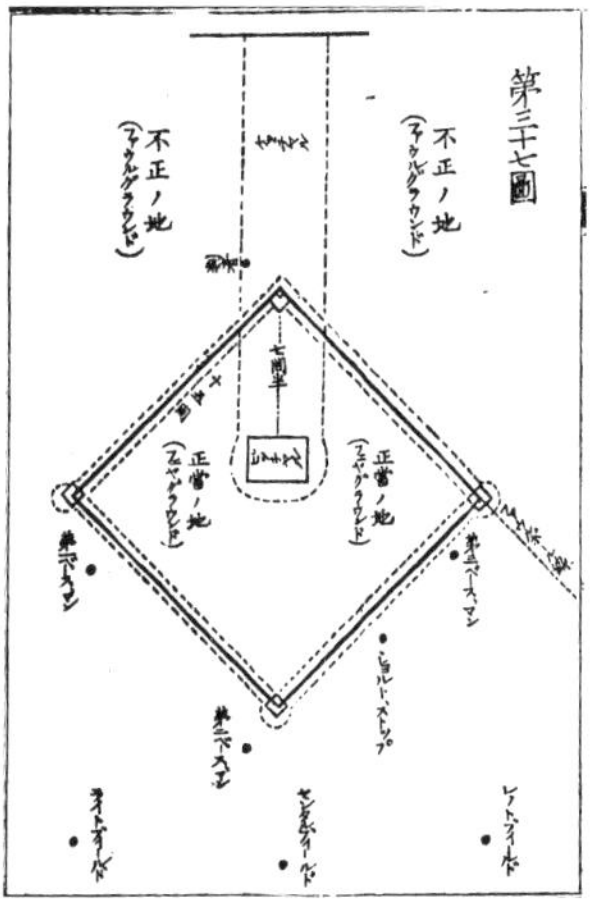

図５－２　『戸外遊戯法』に収められた野球の競技場

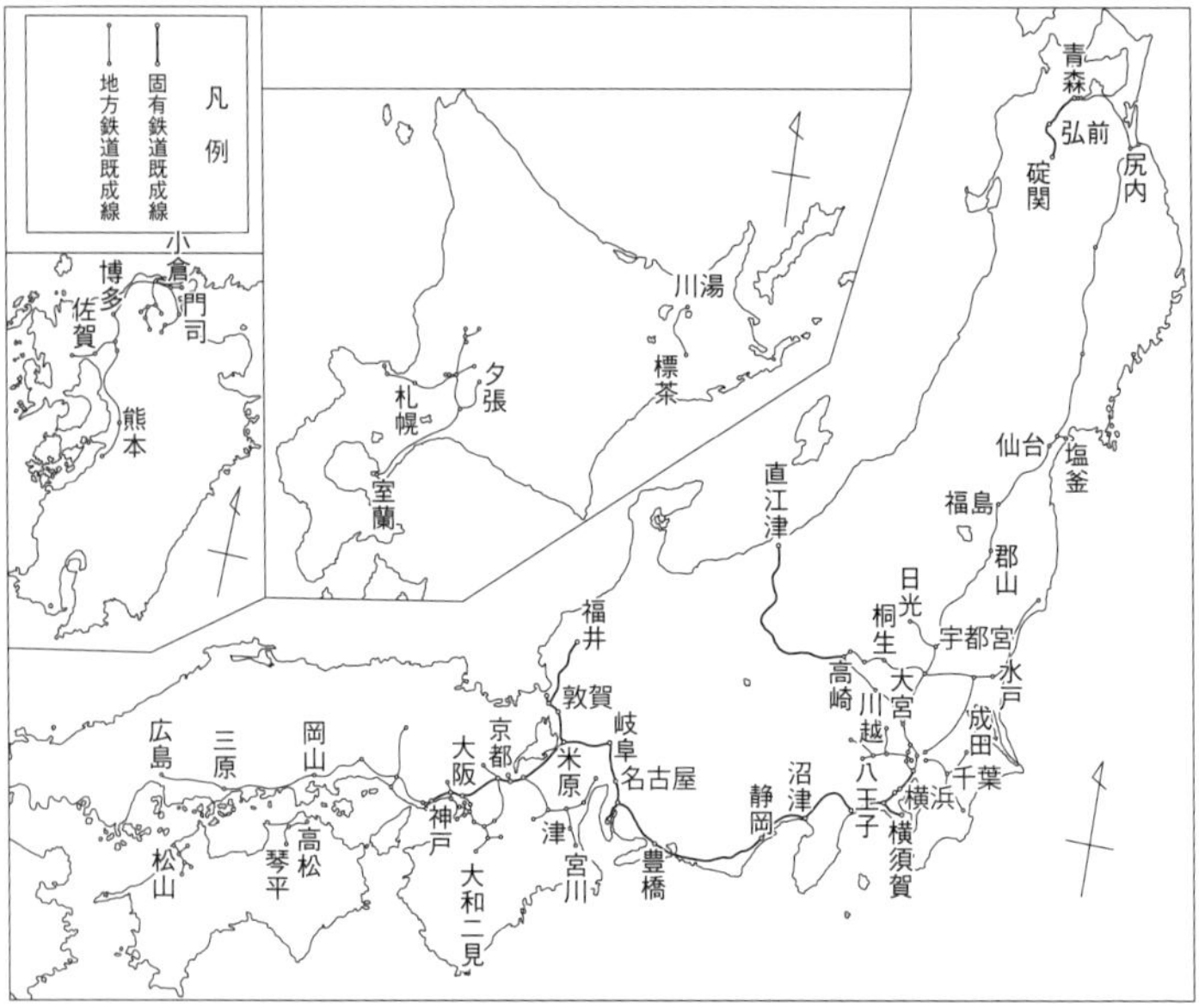

図５－３　明治30年度末の日本国内の鉄道網

出典：日本国有鉄道編『鉄道技術発達史　第２篇　第１』日本国有鉄道、1959より作成

ボールゲームも含まれていました。

② 全国へ広がるボールゲーム

国内各地をむすぶ鉄道網が広がるに連れて、日本中のプレーヤーが一堂に会して競い合う「全国大会」の開催要件も整っていきます。図５－３は、明治三〇（一八九七）年度末の時点で日本国内に敷設されていた鉄道網です。地域差はあったとはいえ、すでに鉄道による全国的なネットワークが形成されていたことがわかります。

日本各地の鉄道が開業していく経過の一部を見ると、明治二二（一八八九）年：東京～神戸間、明治二三（一八九〇）年：上野～日光間・草津～四日市間、明治二四（一八九一）年：上野〜青森間、明治二六（一八九三）年：上野〜直江津間・津〜宮川間、明治二七（一八九四）年：神戸〜広島間・本所〜佐倉間、明治二九（一八九六）年：京都〜奈良、明治三六（一九〇三）年：五条〜和歌山間など、概ね明治期のうちに全国に鉄道網が張り巡らされていきました。(5) 陸上交通では徒歩移動がメインだった近世と比べて、移動時間の飛躍的な短縮を実現したスピードマシンの登場は、スポーツの歴史から見ても画期的な出来事でした。

以下で示すように、各種の全国大会が大正期になってからはじまっていることを見ても、鉄道の普及は全国大会の開催を後押しする大きな要因だったと考えてよいでしょう。

鉄道によって人の移動がスピーディになると、歩いて旅をしていた時代よりも遠くに暮らす人同士が計画的に集まりやすくなりました。そうなると、国内の各地に普及していた競技では全国大会を開催する機運が高まっていきます。

一方、各地域に競技者が存在していても、大会運営を担うまとめ役がいなければ開催に漕ぎ着けることはできません。競技によって多少の違いはありますが、大半の場合、全国大会の開催と競技団体の設立はセットで企画されていたようです。

その経過を、各種のボールゲームを例に挙げて確かめてみましょう。(6) サッカーでは大正一〇（一九二一）年に日本蹴球協会が設立、その二カ月後に「第一回ア式蹴球全国優勝競技会」が開催されています。テニスは大正一一（一九二二）年に日本庭球協会が設立され、同年九月に「全日本男子庭球選手権大会」が開かれました。ホッケーでは、大正一二（一九二三）年に大日本ホッケー協会が発足すると、翌月には「第一回男子全日本選手権大会」を開催しています。

独自の競技団体の設立を待たずに全国大会を開催した競技もあります。バスケットボールとバレーボールは、大正一〇（一九二一）年にそれぞれ「男子第一回全日本バスケットボール選手権大会」「全日本排球選手権」を開催しますが、その主催者は大日本体育協会でした。

ここで取り上げた初期の全国大会は、すべての都道府県から代表を募るほどの規模ではなかったにしろ、その競技に邁進する人々による「日本一決定戦」でした。競技が普及し、統括団体のバックアップ体制が構築されるのと並行して、競技規則が共有されていきます。多くの場合、各地の競技者は欧米のルールをある程度知っていたと思われますが、全国から猛者を集めて同じ条件で競い合うには、ローカルルールではなく共通ルールを再確認しておく必要があったからです。

③　スポーツ用品ビジネスの発展

二〇世紀が開幕すると、それまで欧米から摂取してきたスポーツが定着するとともに、さらに拡大の傾向をみせます。この頃には、日本のスポーツ界も国際的な視野を持ちはじめ、明治四五（一九一二）年のストックホルムオリンピックに日本選手団を初めて派遣しました。大正期になると、このニューウェーブに着目し、スポーツ用品の製造販売ビジネスにチャンスを見出す者が続々と登場します。本格的なスポーツ用品ビジネスの時代が幕を開けました。

日本初のスポーツ用品の製造販売業者は、明治一五（一八八二）年創業の美満津商店だと言われています。同社の大正三（一九一四）年のカタログ『美満津商店懐中用定價表』を見ると、ボールゲームとして野球、テニス、バドミントン、サッカー、ラグビー、バスケットボール、クリケット、ラクロス、ホッケー、ゴルフ、水球、卓球、ビリヤードなどの商品カタログが掲載されています(7)。大正初期の日本で、すでにバラエティに富んだ商品が流通していたことが見て取れます。この時点で、今日普及しているボールゲームの多くが出揃っていました。

図5－4　美満津商店のカタログ
（『美満津商店懐中用定價表』）

大正期にはスポーツ用品のすべてを国産品で賄うことはできず、多くは外国産に頼らざるを得ませんでした。日本の各種スポーツのボールが国産化の時代を迎えたのは、およそ昭和初期のことです(8)。

明治六（一八七三）年に来日したイギリスのチェンバレンは、日本文化に関わる事典『日本事物誌』を出版しました。同書は時代とともに版を重ねていきますが、初版から約五〇年後、昭和九（一九三四）年の第六版には、近代スポーツ移入から半世紀が経った頃の日本の事情が描写されています。日本を見つめ続けた外国人が綴った秀逸な時代の記録です。

「今や、西洋の屋外スポーツは日本人の心をしっかりつかんでいる。野球と庭球は全国的に行なわれ、日本人選手が国際試合で技を競っている。諸大学や或る学校では、漕艇クラブや水泳クラブのほかに、ラグビーとサッカーのチームを持っている。日本選手はヨーロッパのオリンピック競技に参加したばかりでなく、極東の諸競技も制定された。[9]」

やがて、昭和一〇年代中頃になると、スポーツ用品ビジネスは受難の時代を迎えます。本書の主題である「ボール」も同様でした。戦争の激化は物価の高騰と資材不足を招き、スポーツ用品の製造に不可欠な革製品やゴム製品も統制を受けたからです。昭和一三（一九三八）年六月には、ラグビー、サッカー、バスケットボール、バレーボール、ホッケー、ボクシング、水泳の七団体が、皮革の使用制限の緩和を求めて商工大臣、厚生大臣らに陳情する一幕もありました。[10] こうして戦時体制に組み込まれることで日本のスポーツ界は大打撃を受けますが、その事情が解消されるのは少なくとも戦争の終結を待たねばなりませんでした。

日本型ボールゲームが残したもの

日本人が欧米産の近代スポーツを大量に輸入し、積極的に取り入れるようになると、近世まで華々しく行われてきたボールゲームはそれぞれの道を歩みはじめました。羽根つきや手鞠のように歳時風俗と関わって引き継がれたものもあれば、お手玉やけん玉のように日常的な遊戯として残ったもの、蹴鞠や打毬のように無形の文化財として保護されて延命したものもあります。

とくに、打毬は独特の路線を辿りました。打毬そのものは宮内庁や各地の保存会によって残されましたが、打毬の変容形態として「投球戯」という水上競技が生まれます。競技の概要は、紅白の二チームに分かれ、水面上に浮かべられた紅白のボールを取り、船上に設置されたゴールを目掛けてシュートします。[11] 素手の騎馬打毬を水中で行うようなイメージです。明治三一（一八九八）年に嘉納治五郎が結成した造士会では、夏には水術訓練の一環として投球戯を実施しました。[12] この投球戯は、水中で泳ぎながらボールをゴールにシュートするという点で、後に西洋から入ってくる水球（ウォーターポロ）との共通項を見出すことができます。もちろん、投球戯と水球は別物ですが、日本には西洋のボールゲームを導入する下地があったことを示す一つの事例です。

先ほど紹介した美満津商店のカタログには、欧米由来のスポーツに混ざって日本の伝統的なボールゲームの用具が掲載されていました。「羽子板（改良）ゴム底羽根付　上等」「打毬用叉手（十本ニ付）同用球（十個ニ付）紅白共」といったラインナップです。[13] 羽子板とセットで上等クラスの羽根が販売されていますが、それは木の実ではなくゴムを使用した改良版の用具でした。また、打毬に用いる叉手が一〇本セット、同じく打毬の紅白ボールが一〇個セットで市場に出回っていたようです。

美満津商店のカタログは、大正初期の時点で、日本型のボールゲームの用具にもいまだに需要があったことを物語っています。それだけではありません。同カタログのバドミントン用具のページを見ると、「新遊技『バドミントン』ハ『テニスコート』ヨリモ狭小ナル場所ニ於テ競技スルコトヲ得可ク其ノ競技法ハ『テニス』ト羽子板トヲ折衷シタル如キモノニシテ家庭用トシテ最モ適當ナルモノナリ」(14)とあります。まだ日本では馴染みの薄かったバドミントンを羽子板とテニスが折衷した競技として紹介しているのです。家庭で身近にできる手軽さをアピールした販売戦略でしょうか。

このように、当時の日本人は在来のボールゲームの特徴も活かしながら、欧米産のボールゲームを上手に取り入れていったと推測することができます。近世と近代のボールゲームの世界は、すべてが隔絶されていたわけではなく、一定の接着面があったと見るべきでしょう。

第4章の最後でも触れましたが、近代のボールゲームを輸入する前に、日本人はそこに含まれる要素のいくつかをすでに知っていました。すなわち、丸い物体(ボール)を蹴る、打つ、つく、投げるなどして遊ぶ文化を持っていたため、欧米産のボールゲームを前にしても、運動形態そのものがまったくの初見というわけではありませんでした。ただし、野球、ハンドボール、バスケットボールなどに見られる、素手でスピードボールを投げたり、捕球するような運動は近世までの競技にはほとんど登場しませんので、この点は近代ボールゲームを導入するうえでのハードルになった可能性はあります。

後述するように、競技の行われ方を見ても日本には欧米型と類似したボールゲームが出揃っていましたし、勝敗の決定方法も、両チームの得点の大小ないし一点先取の方式で競う、達成した記録で競うなど、客観的に確認可能な尺度が採用されていました。

近世までの日本人がまったく知らなかったのは、西洋的な観念に基づく「時間制限」くらいでしょうか。なぜなら、近世までの日本では、太陽の位置を基準とする不定時法が用いられていたため、同じ「一刻《いっこく》」でも、季節によって長さが異なりました。この意味での「時間」は、公共時報としての寺の鐘ないしは時の鐘によって知ることができましたが、それは封建領主側がコントロールする共同体としての時間で、個人による時間管理という観念は近世には発達していません。日本では、懐中時計を通じて時間が個人のものになっていくのは、早くても明治末期の頃だと言われています[15]。しかし、初めて懐中時計を手にした日本の人々は「分」や「秒」が何を意味しているのか、まったくわかりません。そのため、六〇秒が一分、六〇分が一時間などと、時計の見方を一から解説する新聞まで登場したそうです[16]。近代西洋社会のように定量的な時間観念を持たない近世までの日本人にとって、「二〇分ハーフ」「一〇分×四クオーター」「三〇秒以内」などといった細かく裁断された時間制限は根付くはずもありませんでした。

ともあれ、バリエーション豊かなボールゲームを知っていた日本人ですが、欧米のボールゲームとルールや用具までが一致していたわけではありません。だから、近世までの蓄積を応用しながら、欧米スポーツ文化との折り合いを付けていく作業は必須でした。

2　欧米型ボールゲームの到来

ここで、欧米のボールゲームが日本に入ってきた経過を確認しておきましょう。すべてを取り上げることはできませんが、そのいくつかについて、日本の伝統的なボールゲームと照らし合わせながら見ていきます。欧米と日本のボールゲームの特徴を判別しやすくするために、競技の行われ方を基準に、①攻防が入り乱れずに向かい合って飛んできたボールを返球する、②攻防が入り乱れて一個のボールを争奪しながら両サイドに設置されたゴールへ得点する、③ターゲット目掛けてボールをコントロールする、という三つのタイプに分類しました。

攻防が入り乱れずに向かい合って飛んできたボールを返球する

この分類は、両者ないし両チームの陣地が境界線（ネット）で区画されていて、攻防のプレーヤーが互いの陣地に入ることはなく、相手との身体接触もない状態で、飛んできたボールを相手が取り難いように返球するゲームが想定されています。今日的な分類とは異なりますが、野球もここにカテゴライズしました。ダイアモンドの各辺の上をランナーがほぼ直線的に動くことはあるものの、原則として攻防が入り乱れることはなく、ピッチャーが投げたボールをバッターが打ち返すという条件を満たしているからです。

図５－５　第１回早慶戦の野球の両軍メンバー

野球

これに当てはまるボールゲームのうち、早期に日本に移入されて定着したのが野球でした。明治六（一八七三）年、アメリカ人教師のホーレス・ウィルソンが東京の第一大学区第一番中学（後の東京大学）で伝えたのが最初だと言われています。また、明治一〇（一八七七）年にアメリカから帰国した平岡熙は、留学先で野球選手だったことを活かして自身の職場の新橋鉄道局で「新橋クラブ」という野球チームを結成しました。やがて、駒場の農学校、工部大学校、明治学院、慶應義塾などに野球チームが生まれ、平岡の退職によって新橋クラブが衰退すると、学生野球の時代がやってきます。当時の野球のピッチャーはバッターの得意なところに打ちやすいボールを投げる決まりがあり、今日との明らかな違いがありました(17)。

テニス

テニスも国内に早期に根を下ろしたボールゲームです。明治初期に横浜や神戸の外国人居留地に持ち込まれました。その後、東京高等師範学校の生徒や高師卒業生が赴任した学校で行われるようになります。ところが、高級品だったテニス用具は、なかなか一般人には手が届く代物ではありませんでした。そのため、明治二〇年代に高師が東京本所の三田土ゴム会社に委嘱し、テニスボールの代用品としてゴム製のテニスボールが考案されると、日本国内でテニスが瞬く間に普及します(18)。大正期を迎える頃には、日本独特の「軟式テニス」(ソフトテニス)ができ上がり、硬式テニスと併存して今日に至ります。

卓球

野球やテニスから少し遅れて卓球が伝来します。明治三五(一九〇二)年、坪井玄道らがイギリス留学の帰途にルールブック、ラケット、ネットなどの卓球用具一式を持ち帰ったことにはじまりました。卓球のボールは他のボールと異なる素材で生成されていますが、その歴史を遡るとイギリスのジェイムス・ギップという人物に辿り着きます。陸上競技のトップ選手だった彼は、アメリカ遠征からセルロイドでできた玩具用のボールを持ち帰り、これを打ち合うための特製のラケットを考案します。明治三三（一九〇〇）年、ギップの友人がボールを打ち合う音色（擬声音）から、このゲームを「ピンポン（ping-pong）」と命名し、同時に商標登録をしました。[19]時は流れて昭和四六（一九七一）年、名古屋で開催された世界選手権では、それまで不参加だった中国が日本の働きかけによって参加する一幕がありました。日中友好の架け橋にもなったこの出来事は「ピンポン外交」とも呼ばれます。ギップの友人が聞き取った音色は、七〇年の時を経て、遠く東アジアの国際政治を象徴するネーミングにもなったのです。

バレーボール

明治四一（一九〇八）年には、アメリカ視察から帰国した大森兵蔵が東京ＹＭＣＡにバレーボールを伝えますが、これを日本全国に積極的に宣伝したのは大正二（一九一三）年にアメリカのＹＭＣＡから派遣されたＦ・Ｈ・ブラウンです。当初日本に紹介されたバレーボールは一六人制でしたが、大正一二（一九二三）年には一二人制、その翌年からは九人制がスタートします。日本で六人制バレーボールが本格化したのは、戦後の昭和三〇（一九五五）年前後でした。[20]日本が六人制に踏み切ったのは国際舞台を意識してのことでしたが、国内ではしばらくの間、六人制採用派と九人制推進派の対立勝、男子三位）を成し遂げると、六人制バレーボールの人気は決定的なものとなりました。

「六・九論争」が続いていたそうです。昭和三九（一九六四）年の東京オリンピックで男女バレーボールが正式種目に採用されたことで六人制の強化策が進み、さらに五輪本番で日本が快挙（女子優

バドミントン

後発で伝来したのがバドミントンです。日本国内でバドミントン競技の明らかな記録が現われるのは昭和六〜七（一九三一〜三二）年のことで、横浜や神戸の在留外国人らがウィンタースポーツとして行っていたものが日本人にも広まっていきました。[21] 前述したように、大正三（一九一四）年の美満津商店のカタログにはバドミントン用具が紹介されていたものの、これは国内でバドミントンが普及していたことを意味しませんでした。同カタログに「新競技」として紹介されていたのも納得です。

近世までに形成された日本的なボールゲームをこのカテゴリーに照らし合わせると、羽根つき、毬杖、ぶりぶりがこれに該当します。いずれも、境界線代わりのネットはありませんが、飛んできたボールを返球する非接触型のスポーツです。近代の日本人は、近世までにこうしたボールゲームの行い方を少なからず知っていたことになります。

攻防が入り乱れて一個のボールを争奪しながら両サイドに設置されたゴールへ得点する

次は、両チームに明確な陣地がなく、攻防のプレーヤーが競技空間の中で入り乱れて時に身体接触を伴いながらボールの所有を争い、コートの両サイドに設置されたゴールにボールを入れること（得点）を目指して競うボールゲームです。

サッカー

このタイプのうち、日本で早期に行われていたのがサッカーです。幕末の慶応年間（一八六五〜六八）には、居留地の外国人がサッカーをプレーしていた形跡があります。[22] 明治六（一八七三）年には、日本の海軍兵海軍兵学校寮の教官として招かれたイギリス人将校のダグラスと三三人の部下たちが、日本の海軍兵たちにサッカーを教えました。当時、日本人が体験したのは簡易版のサッカーでしたが、明治三〇年代には東京高等師範学校を中心に本格的なサッカーが定着していきます。明治三七（一九〇四）年一月、東京高師フットボール部の初めての対外試合が東京築地外人学校との間で行われ、明治四〇（一九〇七）年一一月には東京高師と東京府尋常師範学校との間で初めて日本人同士のサッカーの試合が実現します。[23]

図5－6　昭和5（1930）年に初めてカナダ遠征を行ったラグビー日本代表

写真提供：公益財団法人日本ラグビーフットボール協会

ラグビー

同じ頃、イギリス発のフットボールとしてサッカーと袂を分かったラグビーも日本に普及し初めていました。明治三二（一八九九）年、ケンブリッジ大学時代にラグビー選手だった経歴を持つ慶應義塾大学教授のクラークは、ケンブリッジ大学から帰朝した田中銀之助の協力を得て、慶應の学生にラグビーを伝えました。その二年後、慶應チームは横浜外人チームと初めての試合を行いました。明治四四（一九一一）年には、関西の第三高等学校と同志社大学がラグビーをはじめ、慶應も含めた定期戦がはじまりました[24]。日本では、根っこを同じくする二つのフットボールを区別するために、ラグビーフットボールのことを「ラ式蹴球」、アソシエーションフットボールとも呼ばれたサッカーのことを「ア式蹴球」と表現する慣わしがあり、今でもこの名称を残している大学サッカー部も存在します。

ホッケー

ホッケーも、本格的な競技としては慶應義塾大学ではじまりました。明治三九（一九〇六）年一一月、ダブリン大学時代にホッケー選手としてならしたイギリス人牧師のグレーが、慶應でホッケーの講演を行ったことをきっかけにホッケー部が創設されています。翌年一月、慶應ホッケー部は横浜外人チームと初めての対外試合を行いました。[25] 大正後期には、首都圏の大学や陸軍戸山学校でホッケーが行われるようになり、徐々に普及の兆しを見せていきます。昭和五（一九三〇）年に出版された書物の中で「北は北海道から南は台湾に至る迄、又大学専門程度の学校のみならず、中等学校、女学校にまで、この運動が普及し、会社員までが一チームを作って、選手権大会に出場するといふ有様で益々隆盛になりつゝあります。[26]」と解説されているように、この頃の日本では統治下にあった台湾も含めてホッケーが広く流行していたようです。

バスケットボール

バスケットボールを日本に初めて伝えたのは大森兵蔵だと言われています。[27] アメリカから帰国した大森が明治四一（一九〇八）年に東京神田のＹＭＣＡで会員に教えたのが最初で、慶應義塾大学や日本女子大学にも指導に出向いていたそうです[28]。一方で、バスケットボールから派生した競技の移入は、女子競技として早々に行われていました。その最初の紹介者は成瀬仁蔵です[29]。アメリカの女子大学から帰国後、明治二七（一八九四）年に梅花女学校の学生に「球籠遊戯」を指導しました。明治三四（一九〇一）年、成瀬は日本女子大学を設立し、第一回運動会で彼が考案した「日本式バスケットボール」を披露しています。当時の女子競技としてのバスケットボールは、コートを横に三等分するラインを引き、各人のプレーをそれぞれの区域内に制限して運動量を抑制した競技でした。やがて、大正二（一九一三）年にアメリカ人のF・H・ブラウンが来日し、バレーボールと同じく神戸、東京、京都、横浜のYMCAでバスケットボールを指導します。ここに、それまでの女子競技としてではなく、現行競技に連なる本格的なバスケットボールが日本に伝えられました[30]。

水球

明治期の日本には騎馬打毬から波及した投球戯という和製の水球が存在しましたが、二〇世紀開幕以降には西洋式の水球が普及しはじめます。もともとは、横浜や神戸の居留地の外国人が水球を楽しんでいましたが、神戸に居留していたL・G・ジェームズが水球規則のパンフレットを全国の学校に配布して普及に努めました。また、慶應義塾大学の教授だったウィードは、同大学の水泳部員に水球の規則書を翻訳させて競技を推奨しています[31]。

このタイプに該当する日本古来のボールゲームは、古代貴族を担い手とした王朝風の馬上打毬です。第1章で見たように、古代の打毬はコートの両サイドにゴールが設置され、まさに近代ホッケーのような競技でした。しかし、貴族の打毬の伝統は中世以降にまったく途絶えてしまったため、さすがに近代との連続性は期待できません。ならば、近世武士が行った武家打毬はこのタイプに包括されてよさそうなものですが、吉宗の号令で蘇った騎馬打毬は、単一のゴールを両チームでシェアする競技法に改良されていて、敵陣内に侵入するような発想もありませんでした。明治期に騎馬打毬から波及した和製の水球も、単一ゴール型のボールゲームです。近代ホッケーと比べても、打具を使ってボールを操作すること以外は、打毬や毬杖、ぶりぶりとの共通点はほとんど見出せません。

今でこそ、サッカー、ラグビー、バスケットボールなどは日本国内で人気スポーツの座に就きましたが、こうしたボールゲームが日本に伝わった時点で、これをスムーズに受容する素地は、競技の行われ方という点では育まれていなかったことになります。

一方で、それぞれのボールゲームの中で出現する運動技術という意味では、近世から近代にかけての連続性を見出すことは可能です。足でボールをコントロールする蹴鞠はサッカーと共通します。また、女児が楽しんだ手鞠はバスケットボールのドリブルと近いものがありますし、紀州徳川家の打毬のゴールはバスケットボールと同じく頭上に水平に取り付けられていたためシュートは放物線を描く必要がありました。

しかしながら、蹴鞠のキックはボールを上空に蹴り上げてパスするためにあり、サッカーのように強いボールを前方に蹴り込んだり、ボールを操作しながら移動（ドリブル）する行為はありませんでした。また、手鞠はノーミスでボールを連続的にバウンドさせることを目指しますが、バスケットボールのドリブルはもともと味方にパスできない状況で敵にボールを奪われないための手段として生まれたものでした[32]。類似した技術に見えても、そこに内包される課題や目的には大きな隔たりがあったということです。とはいえ、欧米由来のボールゲームに近いボール操作の方法を、近世までの日本人が知っていたことに注目しておきましょう。

現時点では、ここにカテゴライズした近代ボールゲームで、日本がオリンピックや世界選手権などの国際舞台で長きにわたってトップレベルに君臨したケースは見当たりません。単純に辻褄を合わせることはできませんが、日本の国際競技力が文化的な蓄積の度合いとまったく無関係であるかどうかは、なお慎重な検証が必要でしょう。

ターゲット目掛けてボールをコントロールする

このタイプは、定められたターゲットを目掛けてボールを飛ばしたり、投げたりするボールゲームです。基本的に、一個のボールを争奪するような形式ではなく、各自に持ち球が配当されています。

ゴルフ

該当するボールゲームにゴルフがあります。日本のゴルフは、イギリス人の貿易商A・H・グルームが、明治三六（一九〇三）年に兵庫県の六甲山上に四ホールのゴルフ場「神戸倶楽部」を開設したのがはじまりです。[33] 外国人と商売をしていた日本人たちも、この社交スポーツに魅せられてゴルフコースに出るようになりました。やがて、明治三九（一九〇六）年には横浜の外国人たちがゴルフをはじめ、翌年にはアマチュアゴルフの全国大会が開催されています。大正三（一九一四）年には、東京駒沢に「東京ゴルフクラブ」が設立されました。ただし、昭和五（一九三〇）年刊行の『スポーツ百科知識』という事典のゴルフの項には「本競技は日本ではまだあまり普及されてゐない。[34]」と記されていて、昭和初期の時点では一般大衆にはまだ縁遠いものだったことがうかがえます。

図５－７　設立当初の東京ゴルフクラブ
写真提供：一般社団法人東京ゴルフ倶楽部

ビリヤード、ボウリング

より早い時期に日本に持ち込まれていたのが、ビリヤードとボウリングです。ビリヤードは嘉永〜安政年間（一八四八〜六四）に長崎の出島に伝えられ、貿易商や士官達のレジャーとして親しまれていたそうです。明治四（一八七一）年には東京にビリヤード場ができ、当初は高貴な紳士たちの社交スポーツでしたが、大正期になって一般大衆にも普及していきました[35]。また、文久元（一八六一）年には、同じく長崎出島の外国人居留地に日本初のボウリング場が開業されています[36]。明治期以降は京都や東京にもボウリング場が建設されました。

近世までの日本でプレーされていたボールゲームで言えば、けん玉や打毬がこのカテゴリーに当てはまります。けん玉は、ボールをコップに乗せることを目指すという点でターゲット型のゲームです。また、打毬は単一のゴールを両チームでシェアする形式で、各自に手持ちのボールが配分されます。攻防のプレーヤーが入り乱れる場面はあるものの、どちらかと言えばゴールを目掛けてボールをコントロールするターゲット型の系譜に包める方が自然ではないでしょうか。とくに、ゴルフに関して言えば、打具で地面のボールを打つという点では毬杖やぶりぶりの伝統とも重なります。

いずれにしても、競技性と社交性を兼ね備えたターゲット型のボールゲームを欧米から移入する下地が、近世までの日本に確認できることを押さえておきましょう。

このように、欧米と日本のボールゲームを比べてみると、多くの共通項を見出すことができます。ものによっては競技の行い方や技術的な目的に隔たりはあっても、ボール操作の方法自体は近世までの日本人が経験した運動だったと言えるでしょう。

日本古来のボールゲームと近代以降に移入された近代ボールゲームとの間には一定の連続性がありました。欧米のボールゲームを受け入れる下地は、近世までの日本に確かに芽吹いていたのです。欧米産のボールゲームは不毛地帯に突如現れた未知の代物ではありませんでした。我が国の近代ボールゲームの移入と普及は、近世までに育まれた日本的なボールゲームの伝統の延長線上で考えることができます。

3　いざ、国際舞台へ

このようにして、近世までの日本的なボールゲームの遺産の上に欧米由来のボールゲームが覆いかぶさっていきました。これを貪欲に摂取した日本人は国内で腕を競い合うようになりますが、その眼差しはやがて海外へと向かいます。国際舞台への挑戦です。

以下、本章の最後に、戦前に行われた極東選手権とオリンピックのボールゲームの種目について、日本人の挑戦の足跡を遡ってみましょう。

極東選手権競技大会

極東選手権競技大会とは、フィリピン、中国、日本を主な参加国とした国際的なスポーツ競技会のことです。第一回はマニラを会場にして大正二（一九一三）年に行われましたが、日本は二人の長距離ランナーと明治大学野球部の派遣にとどまりました。大正四（一九一五）年に上海で開催された第二回大会には、陸上競技八名、水泳一名、テニス一名が参加しています。当時、日本は大規模な選手団を結成するには至らなかったものの、野球とテニスというボールゲームが国際大会に挑戦していることは注目に値します。

第三回の開催国は日本です。大正六（一九一七）年に東京芝浦で大々的に競技会が開かれました。実は、「極東選手権競技大会」という名称が用いられたのは、この第三回からです。第二回までは「東洋オリンピック」でしたが、当時、大日本体育協会会長だった嘉納治五郎の進言もあり、新名称に改められました。[37] これが日本で初めて開催された、本格的な国際スポーツ競技会です。日本は全競技の総合成績で、国別の第一位を獲得しました。

今大会は自国開催ということもあり、日本からは陸上競技、水泳、自転車、野球、テニス、サッカー、バレーボール、バスケットボールの八競技に一五三名の選手が参加します。多くの日本のボールゲームが国際大会デビューを果たしました。とはいえ、この時参加したメンバーがすべて日本代表だったわけではありません。野球は早稲田大学、サッカーは東京高等師範学校、バスケットボールは東京ＹＭＣＡのメンバーで構成された単独チームだったからです。いまだ、各競技の国内統括団体の整備が不十分で、日本全国から優秀な選手を募って選抜チームを構成するまでには至らなかった実情が見えてきます。競技ごとの成績は、野球とテニスは優勝を手にしているものの、サッカー、バスケットボール、バレーボールは軒並み最下位でした。

とくにほろ苦い国際大会デビューだったのがサッカー競技です。初戦の中国戦は〇対五、続くフィリピン戦は二対一五で惨敗を喫しています[38]。このフィリピン戦での一五失点は、いまだに日本代表の国際Ａマッチでの最多失点記録です。当時、国内でサッカーが根付き一定のレベルに達していた中国やフィリピンと比べて、日本は間違いなく弱小国でした。基礎技術でも大きく遅れを取っていた日本は、この極東選手権で初めてヘディングの技術を知ったそうです[39]。

図5－8　第８回極東選手権（1927）の日本選手団

その後、サッカーは昭和二（一九二七）年の第八回大会で初勝利を収め、続く昭和五（一九三〇）年の第九回大会では初優勝（中国と同位優勝）を達成します。一方、バスケットボールとバレーボールは、昭和九（一九三四）年に極東選手権が一〇回目で終わりを迎えるまで中国とフィリピンには歯が立たず、ついに一度も優勝することはできませんでした。

第三回の東京大会で悲惨な目に遭ったのがバレーボールの日本代表チームです。大日本体育協会は、自国開催の晴れ舞台にバレーボール競技にも選手を送り込もうと意気込んだものの、当時の日本にはバレーボールを専門に行う選手が一人もいません。そこで考え付いた苦肉の策が、他競技の選手にバレーボールの手ほどきをして出場させることでした。しかし、ボールの扱いや攻撃法を知らない選手たちばかりで、サーブも拳ではなく平手で打つ始末です[40]。試合前日にようやく競技規則を覚えて本番に臨んだものの、中国戦（四―二一、二―二一）、フィリピン戦（七―二一、〇―二一）ともに惨敗しました。後に世界の頂点に立つ日本のバレーボールですが、栄えある最初の日本代表が「素人軍団」だったことは驚くべき事実でしょう。

オリンピック競技大会

日本が初めてオリンピックに参加したのは、明治四五（一九一二）年の第五回ストックホルム大会です。金栗四三と三島弥彦という二人の陸上選手がオリンピックの地を踏みました。

ボールゲームに限れば、日本の初参加は大正九（一九二〇）年の第七回アントワープ大会です。テニス競技に二名の選手が派遣されました。それだけではありません。テニス競技では、シングルスでは熊谷一弥、ダブルスでは熊谷と柏尾誠一郎がともに銀メダルを獲得しています。全種目を通じて、日本人初のオリンピックのメダル獲得という快挙です。この二名は、極東選手権でも無類の強さを誇った、当時の日本では珍しい世界的なトップアスリートでした。

昭和七（一九三二）年の第一〇回ロサンゼルス大会には、ボールゲームのうち水球とホッケーの日

図5－9　ロサンゼルスオリンピック（1932）のホッケー日本代表

図5－10　ロサンゼルスオリンピック（1932）の日本対インド戦

写真提供：公益社団法人日本ホッケー協会

本代表が団体競技として初めてオリンピックに参加します。水球は参加四チーム中四位と最下位に沈んだものの、ホッケー日本代表は銀メダルを獲得する目覚ましい活躍を見せました。ホッケー競技には三カ国しか参加しなかったとはいえ、開催国のアメリカを破っての銀メダルです。優勝した強豪インドの代表チームは、ロサンゼルス入りする途次に来日し、日本のチームと数試合を行っています。日本の劣悪なグラウンドに苦しみインドの本領を見ることはできませんでしたが、本場のホッケーに触れた経験はオリンピックに向けて好材料となりました。(41)

続く第一一回のベルリン大会は昭和一一(一九三六)年にナチス政権下のドイツで大々的に開催されました。日本からは、ボールゲームとして水球、サッカー、バスケットボール、ホッケーの代表チームが派遣されています。

このうち、日本から初めてオリンピックに参加したのがサッカーとバスケットボールです。今大会のサッカー競技はトーナメント方式で、日本代表の初戦の相手は優勝候補の一角スウェーデンでした。前半を〇対二と劣勢で折り返しますが、後半逆転した日本はヨーロッパの強豪に対して歴史的な一勝を挙げました。二日後に行われた準々決勝で日本はイタリアに〇対八で大敗を喫しますが、初戦で成し遂げた偉業は「ベルリンの軌跡」として今も語り継がれています。

ベルリンオリンピックでは、バスケットボール競技(男子)が五輪競技として初登場しました。この記念すべき大会に参加した日本代表チームは一回戦の中国戦、二回戦のポーランド戦に勝利したものの、三回戦はメキシコに敗れています。この時、オリンピックの試合会場となったのは屋外のアンツーカーのコートでした。オリンピックといえども、大観衆を収容して体育館で競技を開催することは当時としては至難の業だったことがわかります。また、オリンピック本番の使用球は、当時日本で

図5－11　ベルリンオリンピック前に行われた日本対ドイツの練習マッチ

使われていた八枚の皮を縫い合わせて作るボール（第6章を参照）ではなく、一二枚の皮で製造されたボールでした。しかも、日本代表チームがその事実を知り、大会使用球に近いボールを入手できたのは本番一週間前のことだったそうです(42)。初参加のオリンピックで、異国の地で使い慣れないボールでプレーすることは、プレーヤーのパフォーマンスに大きな影響を与えたことでしょう。

第一二回のオリンピックは昭和一五（一九四〇）年に東京で開催されることが決まっていましたが、長引く戦火の煽りを受けて日本政府は開催権を返上しました。その後、開催都市にヘルシンキが浮上したものの結局中止に追い込まれ、続く第一三回のロンドン大会も戦時下で開催することができませんでした。平和の祭典であるは

ずのオリンピックに、戦争が暗い影を落としていきます。

再びオリンピックが開催されるのは昭和二三（一九四八）年のロンドン大会ですが、敗戦国の日本は招待されませんでした。日本のオリンピック復帰は翌ヘルシンキ大会（一九五二）です。長らく国際舞台から遠ざかったことは大きなマイナスでしたが、ここから日本のボールゲームの世界挑戦は新たなステージに入っていきました。東京大会（一九六四）の女子バレーの金メダル、メキシコ大会（一九六八）の男子サッカーの銅メダル、北京大会（二〇〇八）のソフトボールの金メダルなど、日本の輝かしい躍進は、ここで触れた先人たちの激闘の上に成り立っています。

古代に中国大陸から移入され、中世に日本的に醸成する時期を経て、近世に質量ともに発展し土台が形成された日本のボールゲームは、近代に再び海外からの移入期を迎えてこれを器用に取り込み、国際舞台に羽ばたいていったのです。

ただし、欧米産のボールゲームに関して言えば、日本人が海外の強豪と肩を並べるためには、プレーヤーが使うボールの性能で後れを取らないことが大前提でした。したがって、日本の国産ボール製造の歴史はプレーヤーの技術の発達とも大いに関わりがありますが、その事情は第6章で詳しく見ていくことにしましょう。

〈文献〉
（1）渡辺融「F・W・ストレンジ考」『体育学紀要』七号、一九七三、七―二二頁
（2）F. W. Strange『OUTDOOR GAMES』丸家善七、一八八三（野球殿堂博物館蔵）
（3）坪井玄道・田中盛業編『戸外遊戯法　一名戸外運動法』金港堂、一八八五、二帖
（4）木下秀明『スポーツの近代日本史』杏林書院、一九七〇、一七頁
（5）平山昇『鉄道が変えた社寺参詣』交通新聞社、二〇一二、二三〇―二四一頁
（6）日本体育協会・日本オリンピック委員会編『日本体育協会・日本オリンピック委員会一〇〇年史　PART2
加盟団体のあゆみ』日本体育協会・日本オリンピック委員会、二〇一二
（7）美満津商店編『美満津商店懐中用定價表』美満津商店、一九一四
（8）玉沢敬三編『東京運動具製造販売業組合史』東京運動具製造販売業組合、一九三六、二四二頁
（9）チェンバレン著、高梨健吉訳『日本事物誌一』平凡社、一九六九、二一一―二二頁
（10）日本体育協会編『日本体育協会五十年史』日本体育協会、一九六三、一七七頁
（11）高橋雄治『大日本游泳術』水交会、一九一九、二〇六―二〇七頁
（12）高木英樹・真田久「日本におけるウォーター・ポロ（水球）の伝播と普及に関する研究」『筑波大学体育科学系紀要』三〇号、二〇〇七、七六頁
（13）美満津商店編『美満津商店懐中用定價表』美満津商店、一九一四、七九頁
（14）美満津商店編『美満津商店懐中用定價表』美満津商店、一九一四、二九頁
（15）角山栄『時計の社会史』中央公論社、一九八四、一一六―一一八頁
（16）湯本豪一『明治もののはじまり事典』柏書房、二〇〇五、一四八頁
（17）日本体育協会編『スポーツ八十年史』日本体育協会、一九五八、四八四頁
（18）木下秀明『スポーツの近代日本史』杏林書院、一九七〇、四九頁

(19) 荻村伊知朗「卓球」『最新スポーツ大事典』大修館書店、一九八七、七六二頁
(20) 日本バレーボール協会編『コーチングバレーボール（基礎編）』大修館書店、二〇一七、七頁
(21) 阿部一佳「バドミントン」『最新スポーツ大事典』大修館書店、一九八七、一〇〇二頁
(22) 後藤健生『日本サッカー史――日本代表の九〇年――』双葉社、二〇〇七、二二頁
(23) 木下秀明『スポーツの近代日本史』杏林書院、一九七〇、八五頁
(24) 大西鉄之祐「ラグビー」『最新スポーツ大事典』大修館書店、一九八七、一三一〇頁
(25) 慶應義塾体育会ホッケー部『創立第二十週年紀念　慶應義塾体育会ホッケー部略史』慶應義塾体育会ホッケー部、一九二五、三頁
(26) 朝日新聞運動部編『朝日スポーツ叢書　ラグビー・ホッケー・蹴球・籠球・排球』朝日新聞社、一九三〇、一一頁
(27) 日本バスケットボール協会編『バスケットボールの歩み――日本バスケットボール協会五〇年史――』日本バスケットボール協会、一九八一、四二頁
(28) 斉藤実『東京キリスト教青年会百年史』東京キリスト教青年会、一九八〇、一四五頁
(29) 輿水はる海「女子バスケットボールに関する研究（2）」『お茶の水女子大学人文学紀要』三一号、一九六八、九二頁
(30) 水谷豊『バスケットボール物語』大修館書店、二〇一一、一一六頁
(31) 荒木昭好「水球」『最新スポーツ大事典』大修館書店、一九八七、四七一頁
(32) ネイスミス著、水谷豊訳『バスケットボール――その起源と発展――』ＹＭＣＡ出版、一九八〇、八九―九〇頁
(33) 日本体育協会編『スポーツ八十年史』日本体育協会、一九五八、三六九頁
(34) 玉文堂編集部編『スポーツ百科知識』玉文社、一九三〇、三八四頁

(35) 赤垣昭「ビリヤード」『最新スポーツ大事典』大修館書店、一九八七、一〇六五頁
(36) 岸野雄三編著『近代体育スポーツ年表　三訂版』大修館書店、一九九九、二〇頁
(37) 日本体育協会編『スポーツ八十年史』日本体育協会、一九五八、五八五頁
(38) 後藤健生『日本サッカー史――日本代表の九〇年――』双葉社、二〇〇七、一七頁
(39) 日本体育協会編『スポーツ八十年史』日本体育協会、一九五八、一九六―一九七頁
(40) 日本体育協会編『スポーツ八十年史』日本体育協会、一九五八、二七三頁
(41) 日本ホッケー協会編『日本ホッケー九十年史』日本ホッケー協会、一九九七、一二六―一二七頁
(42) 小谷究・谷釜尋徳編著『籠球五輪』流通経済大学出版会、二〇二〇、二二頁

第6章

新時代の幕開け

1　ボールゲームの時代の到来

高まるボールゲーム熱

第5章で見たように、近代を迎えて、欧米のボールゲームが徐々に国内に根付いていきます。とくに、二〇世紀を迎えると、日本ではボールゲーム熱が高まっていきました。

スポーツをメインにした雑誌が相次いで創刊するなか、昭和七（一九三二）年に大日本球技研究会によって『球技』という雑誌が生まれます。野球、バスケットボール、バレーボール、サッカー、ラグビーなど、ボールゲーム全般の情報が満載の専門誌です。こうした雑誌の登場は、当時の日本スポーツ界において、ボールゲームが人気ジャンルの地位を確立しつつあったことを示しています。

この『球技』の二巻二号に、園部暢という人物が寄稿しています。園部は日本統治時代の朝鮮京城師範学校の教諭で、東京高等師範学校の学生時代にはラグビー選手として活躍した経歴の持ち主です。園部率いる京城師範学校のラグビー部は、現在の全国高校ラグビーの前身となる大会で昭和五（一九三〇）年からの三連覇をはじめ、玄界灘を超えて何度も優勝旗を持ち帰りました。

園部暢が寄せた論稿のタイトルは「球技時代」でした。冒頭は「二〇世紀はボール、ゲームスの時代なり」という書き出しです。文中、国民精神の滋養のためにボールゲームが有効だという主張が目立つのも、ボールゲームが時代の波に乗って人気を獲得していった模様を示しているのかもしれません。殊に団体球技を愛した園部の熱のこもった論稿の末尾は、「チームゲーム中の華ボールゲームス、

図６－１　雑誌『球技』２巻２号（1933）

野球、蹴球、ラグビー、バスケット、バレーと、今や燦然として咲き乱れた。（中略）球技時代！　球技時代は遂に我の上に来たのだ！」と締めくくられました[1]。園部がラグビーの愛好家だったことを差し引いても、当時のスポーツ界でボールゲームが注目を集めていたことが伝わってきます。

この時代の特徴は、ボールゲームが「みる」

対象としても大いに賑わいを見せはじめたことです。日本初の野球場は、明治一五（一八八二）年に品川に建設された新橋倶楽部の球場です。しかし、「保健場」と名付けられたこの施設に、現在のように大観衆を収容する立派な設備が備わっていたわけではありません。やがて、明治三六（一九〇三）年に初の早慶戦が行われますが、早稲田は戸塚球場（一九〇二年造）、慶應義塾は三田網町球場（一九〇三年造）を使っていました。こうした球場は、広い運動場を区切ったものが大半で、観客席はあくまで球場周縁の「場外」に設けられた補助的な施設でした。そのため、有料試合の際には、観客席の外側にわざわざ幕を張り巡らせてこれを「場内」に取り込み、外側から覗き見させない対策を講じていたそうです。(2)

やがて、東京市街地に大観衆を収容できる球場が誕生します。大正一五（一九二六）年竣工の明治神宮野球場です。収容人数三万一〇〇〇人（スタンド観覧席九〇〇〇人、芝生観覧席二万二〇〇〇人）を誇る、観客に野球を「みせる」ことを意識したスポーツ施設でした（図6－2）。

神宮野球場の北側には相撲場がありましたが、昭和八（一九三三）年にはこの相撲場に仮設のバスケットボールコートが造営されています。使用頻度の低い相撲場に、板を張り付けて設営する組み立て式の臨時コートです（図6－3）。観客を収容するエリアとして、コート周囲の芝地が使用されました。(3)

こうした先進事例をモデルとして、ボールゲームをプレーして楽しむだけではなく、観戦して楽しむ環境が整えられていきました。後で述べますが、人々がボールゲームの試合に興味を持つようになるには、メディアによるお膳立ても大きかったようです。翌日の新聞で試合結果を知るだけではなく、ラジオ、そしてテレビでの実況中継がはじまると、競技場に直接足を運ばなくてもメディアを通

図６－２　大正15（1926）年竣工の神宮球場の特別観覧席からの風景

図６－３　神宮球場の仮設のバスケットボールコート

写真提供：明治神宮野球場

して試合を楽しめる時代が訪れました。
およそ二〇世紀への突入を境目として、ボールゲームの新時代が到来したと言えるでしょう。

用具と技術の密な関係

ボールゲームが流行し、人々がより高度なパフォーマンスを求めるようになるに連れて、スポーツ用具を製造するテクノロジーも進歩していきました。明確に定められたルールや規格の範疇でプレーする近代スポーツは、近世までの日本の伝統的なスポーツよりも用具の性能にパフォーマンスが左右される度合いが高まります。歴史的に見て、スポーツ用具の開発によってプレーヤーの技術が高度になり、逆に運動技術が高度になるに連れて用具も改良されてきました[4]。

言うまでもなく、ボールゲームの用具として最たるものは「ボール」です。二〇世紀に入って以降、国産のボールは目まぐるしい進化を遂げました。本章では、ボールの改良がプレーヤーのテクニックに及ぼした影響を確認する作業を通して、新時代のボールゲームの世界を垣間見ることにしましょう。

ボールの性能から大きな影響を受けた競技の一つがバスケットボールです。とくに、ボールをフロアにバウンドさせながら移動するドリブルは、ボールの性能次第で跳ね返りの具合が大きく変わってきます。

ところが、バスケットボール競技の創案者のネイスミス本人が「恐らく、バスケットボールの用具の中で最も変化しなかったものはボールであろう(5)」と語っているように、この競技に用いられるボールは際立った変化を遂げてこなかったかのようなイメージがあります。

確かに、桃の籠からスタートした「ゴール」や、バルコニーの観客がボールに触れないように取り付けられた「バックボード」の変化と比べれば、「ボール」には一見してドラスティックな変化は生じていません。しかし、ボールも製造加工技術の進歩に後押しされて改良を繰り返してきました。実のところ、バスケットボールの専用球は目に見える「形状」の変化というよりも、「性能」の変化をもってこの競技の発展を支えてきたのです。

今でこそ、観客を魅了する華麗なドリブルテクニックを目にすることができますが、競技伝来からしばらくの間は、日本のバスケットボールプレーヤーはボールの性能に悩まされていました。日本のボール製造技術の水準が海外に追いつくまでは、日本人プレーヤーのドリブル技術も国際レベルから遠く立ち遅れていた歴史があります。

本章では、近世までには見られなかった「ボールと日本人」の新しい関係を知るために、まずは近代から現代へと時代を跨いで、バスケットボールを中心にボールの改良にまつわるエピソードを振り返ります。次に、戦後のボールゲームが「する」だけではなく、「みる」対象としても発達していった模様を確かめていきましょう。

2　ボールの性能が低かった時代

初期の国産ボール

アメリカでバスケットボールが誕生した時に使われていたのはサッカー用のボールでしたが、数年後には専用球が開発されています。自転車メーカーがゴムタイヤの技術を応用して作った「ふくらませ球」系統（第1章を参照）のボールでした。[6]

日本でバスケットボールの専用球が使われるようになったのは、いつ頃でしょうか。明治三七（一九〇四）年に出版された『籠毬競技』という書物をみると、そこで説明された使用球は「フート、ボール」でした。[7] 日本でも伝来当初はアメリカと同じようにフットボール（サッカー用のボール）を代用していたことがわかります。

その六年後、明治四三（一九一〇）年に刊行された『体操と遊戯の時間』では、使用球としてフットボールのほかにバスケットボールの専用球の存在が記されています。[8] この頃より用いられはじめたバスケットボールの専用球はアメリカ製品でしたが、それが大正末期になって国産化していったそうです。[9]

サッカー界でも事情は同じでした。大正末期にサッカーボールの国産化に尽力していた人物がいます。大正一四（一九二五）年創業のミクニ運動具店の椚《くぬぎ》田《だ》房次郎《ふさじろう》です。輸入品のサッカーボールが全盛だった創業当時は、大学のサッカー部に試作品を持ち込んでもまったく相手にされませんでした。椚田本人が「カミソリでボールを切り裂いて空高くけ上げられグラウンドに散らばったボールの死体を一つ一つ拾い集める時には涙が出ました。」(10)と回顧するように、国産ボールの製造開発にはそれぞれに涙ぐましいエピソードがあったようです。

ボールの国産化の波に乗って、多くの優良な国産品が生み出されていきました。図6－5は昭和五（一九三〇）年の美津濃社の広告です。拡大図をみると、当時のバスケットボールには紐で結んだ部分が見られます。この中にゴムチューブが納められていたので、空気の出し入れをするには口紐を解いてその後締め直すという面倒な作業が必要でした。

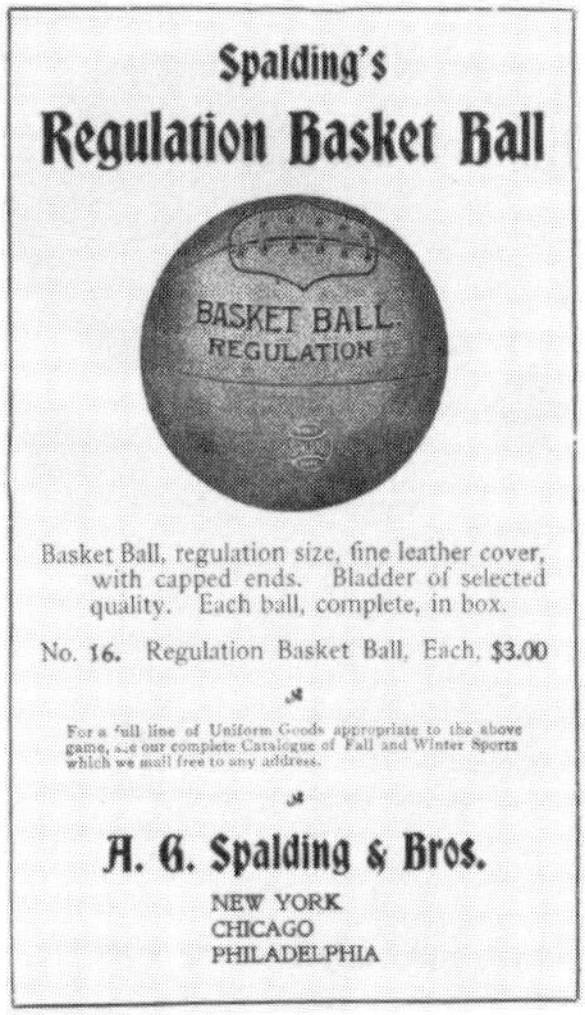

図6－4　バスケットボール誕生当初のアメリカのバスケットボールの広告

早稲田大学在籍中から大学リーグの発展に寄与した富田毅郎《とみたぎろう》は、大正末期～昭和三（一九二八）年頃の様子を

【拡大図】

図6－5　美津濃製のバスケットボールの広告（『運動界』11巻11号、1930.11）

「ボールはしめつけのもので、口をあけて、ポンプで空気を入れ、それからひもでしめつけて丸くするというものを主に使いました。[11]」と語っています。昭和七（一九三二）～八（一九三三）年頃に京都でプレーしていた人物も「ボールも外部は皮で中にチューブが入っていて、口を皮紐で止め、皮面にワセリンを塗って大切にして二個で練習をした。[12]」と回想しました。このように、大正末期から昭和初期にかけては、こうした口紐付きの形状のボールが広く普及していたことがわかります

　昭和四（一九二九）年に大阪市役所教育部が紹介したバスケットボールの製法によれば、当時のバスケットボールは

「手縫い」で作られていたそうです。[13] 実は、この手縫い製法こそがボールの高性能化を阻み、プレーヤーの技術の発展を抑制していた大きな理由でした。

国産ボールの性能とドリブル技術への影響

大正末期にバスケットボールをプレーしていたメンバーによる座談会では、当時を振り返って「あの頃のボールは運動社でしたね。運動社が苦心して作ってくれたんだが……。ボールの口をしめるのが一仕事でね。二日位使うとカボチャ型になる。[14]」と語られています。「運動社」とは東京運動社のことですが、どうやら、当時のボールは、使用中に「変形」する欠点を持っていたようです。

次に、早稲田大学でプレーしていた人物の回顧録の中から、ボールに関する記述を拾い出しておきましょう。[15]

「縫い合わせた外皮、長さ一〇cmほどの臍があるチューブ、そしてとじる皮ひもからなるボール。(今の若者は知らないらしい。)新品なのに多少いびつでも文句はいいませんでした。また、使用するうちに外皮がすり減り、縫い目が伸びて、そこから大きく変形するのが常でした。外皮にチューブを入れてから空気を入れ、その外皮のさけ口を十手のような道具を使って皮ひもで編み合わす仕事は技術を要し、チューブに穴をあける失敗を重ねて一人前になったものです。(中略)

そもそもいびつなのでシュートはぶりんぶりんと飛び、また編み合わせた皮ひもの具合も加わって、ドリブル中のイレギュラーは常時なのですが、これらはコントロール技術の範疇と意識せざるを得ませんでした。」（傍線、引用者）

この回顧録からは、紐付きのボールの構造が新品でも「いびつ」だったことや、使用中に縫い目が伸びて「変形」したこと、空気の出し入れが手間のかかる作業だったことなどがわかります。

とくに、傍線部を見ると、紐付きのボールはドリブルすると頻繁に「イレギュラー」していたそうです。このイレギュラーは「編み合わせた皮ひもの具合」だけでなく、ボールの「いびつ」な形状にも起因して生じたもので、さらには使用中の「変形」によって拍車がかかっていました。もっとも、当時のバスケットボールがもっぱら屋外で行われていたこともボールにイレギュラーを生じさせる要因でした。たとえボールの性能に申し分がなくても、整備の行き届かない凹凸のある屋外グラウンドでは、ボールが地面から正確に跳ね返ってこないからです。日本のバスケットボールが体育館で行う屋内競技として定着していくのは、戦後のことでした[16]。

戦前のバスケットボールの指導書に「誤れるドリブル動作の一例」というキャプションで載せられた写真（図6-6）には、ボールを注視しながらドリブルするプレーヤーの姿が映し出されています。同書には「これは通常相当の選手でもよく陥る欠点であって、特に注意を要するものである[17]。」

図６－６　昭和初期頃の一般的なドリブル技術

（『指導籠球の理論と実際』）

というコメントが添えられていて、当時の日本人プレーヤーのドリブルの運動技術が蘇ってくるようです。

しかし、このドリブル技術は、当時の日本人の身体能力が低かったことを意味しているのではありません。戦前のバスケットボールは使用し続けるといびつに変形したため、ドリブル中にボールがフロアから思い通りに跳ね返ってくるとは限らず、プレーヤーはいつもイレギュラーバウンドを気にかけながらドリブルしなければならなかったのです。この低品質のボールと上手に付き合ってミスをカバーしようとすれば、ボールを常に注視して身体の正面でコントロールするような動作が必然化します。現代人が想像する以上に、戦前のバスケットボールプレーヤーにとって、ドリブルは高難度なプレーだったのかもしれません。

当時の日本では、ドリブルというプレーは、自らシュートしたり味方にパスができない局面で用いられる苦肉の策に過ぎませんでした。昭和三九（一九六四）年の東京オリンピックで日本代表チームの総監督を務めた牧山圭秀は「戦前はドリブルはパスの代りでドリブルする位なら持ってろと云う考えだった。[18]」と語っています。ボールを見つめながら行う当時のドリブル技術では、目の前に立ちはだかるディフェンスを巧みにかわして前進することなど不可能に近いと考えられていたのでしょう。今日のバスケットボールとは、随分イメージが違うゲーム展開だったようです。

ボールの性能に悩まされていたのは、バスケットボール界だけではありませんでした。ほぼ同様の製法だったサッカー用のボールも、口紐の部分だけが隆起する形状になっていたことから、外国人から「日本ではボールにまで富士山をもっている」などと笑われていたそうです。ボールが使用中に変形して重心に偏りが出てしまい、ボールの中心部分をキックするのも一苦労だったというエピソードもあります。[19]

戦前の日本の「球界」では、ボールの性能は死活問題だったのでしょう。

ボールのマイナーチェンジ――口紐式からバルブ式へ

昭和五（一九三〇）年頃、ボールの製造法に新たな展開が訪れます。その象徴が、東京運動社製の「ラバーバルブ」という名称のボールでした。従来のバスケットボールとは違って、表面の結び目がなくなり空気弁が外側に取り付けられたバルブ式のボールは、当時としては画期的な形状です。

翌年、東京運動社はバスケットボールの専門誌にバルブ式ボールの広告を掲載しました（図6－

7）。広告の写真を見ると、外側から直接空気を注入するタイプのボールだということが明らかです。この特徴は、印字された「専売特許實用新案願ボール　ヘソより空気を出入します　紐なし實用ボール」という宣伝文句からもうかがえます。口紐を解いて、空気を入れて、再び締めるという面倒な作業が解消されたバルブ式ボールは、待望のアイテムだったと言えるでしょう。

こうして、バルブ式ボールの時代が幕を開け、東京運動社、美満津商店、美津濃社、タチカラ社などの競合各社がバルブ式ボールを開発して積極的に販売するようになり、その性能は次第に知れ渡っていきました。それまでの口紐付きのボールと比べて、バルブ式ボールは正確な球体に近い形状で、なおかつ空気の出し入れの際に手間が省けるという点で優れていると考えられていたようです[20]。

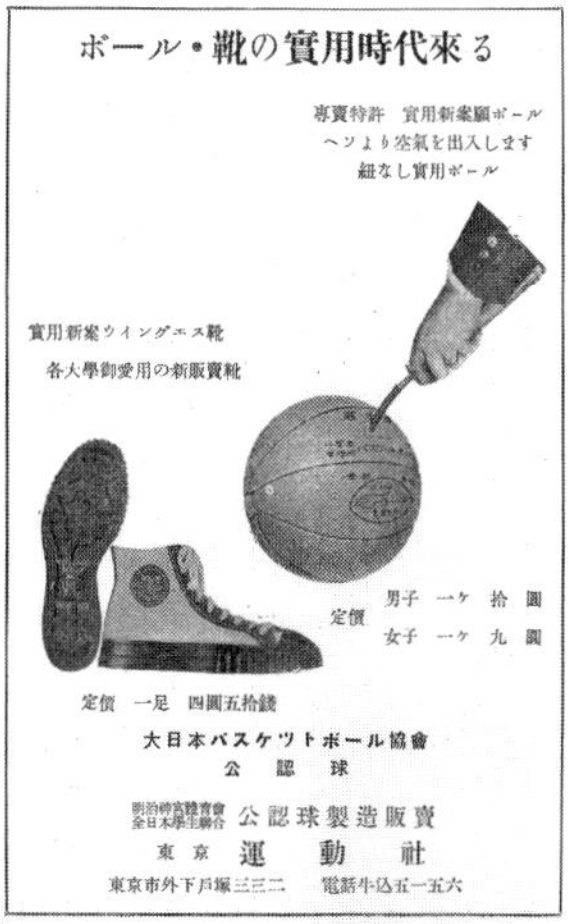

図6－7　東京運動社製のバルブ式ボールの広告
（『籠球』2号、1931.10）

ところが、バルブ式ボールも完璧ではありませんでした。東京運動社製の「ラバーバルブ」の断面図を見ると（図6－8）、空気穴に針を刺して直接空気の出し入れができる構造にはなっているものの、ボールの表面に「縫糸」と書かれています。バルブ式ボールも、表面の八枚の革を接合する行程は、従来と同じく手縫い製法だったのです。

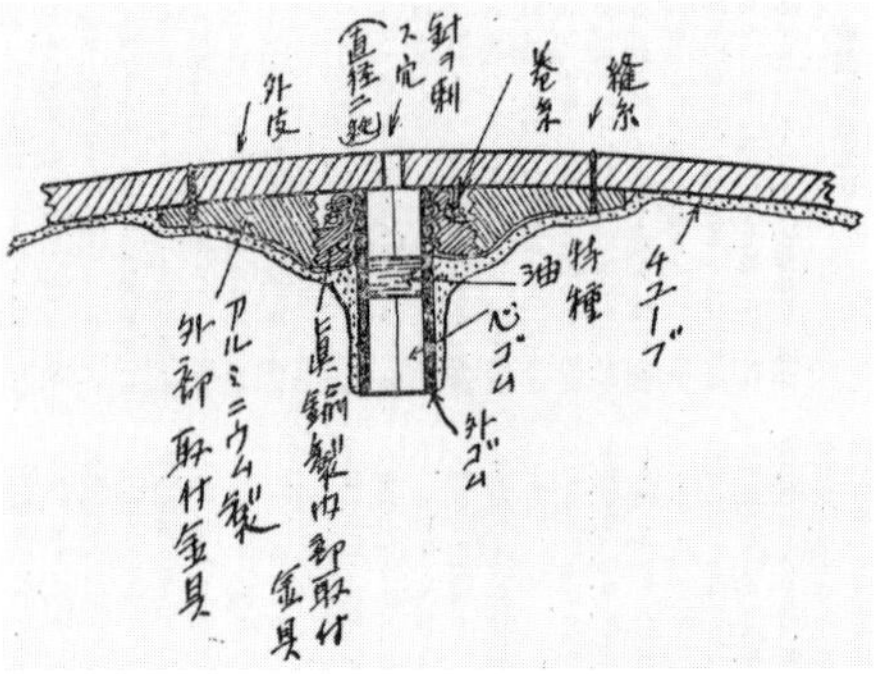

図6－8　東京運動社製の「ラバーバルブ」の断面図

革の接合が手縫い製法だったことがボールの変形の大きな要因でしたので、依然として手縫いで製造されていたバルブ式ボールは、変形を食い止める性能には達していなかったことになります。だから、相変わらずボールは使用中に変形し、ドリブルするとイレギュラーバウンドが発生していたわけです。したがって、ドリブル技術はその後バルブ式ボールが国内に普及していっても、ボールを視野に入れながら体の正面でつくスタイルから脱することはできませんでした。

性能という面では、バルブ式ボールは従来品からのマイナーチェンジに過ぎなかったと言わなければなりません。

3　ボール革命起こる

ハワイ日系二世チームの衝撃

戦後、日本のバスケットボール界に技術面での一大変革期が訪れました。昭和二五（一九五〇）年三月のハワイ日系二世チームの来日がそのきっかけです。彼らは東京、大阪、京都、名古屋で計七ゲームを行い、華麗なパス、ワンハンドショット、そしてドリブルを披露しました。
日本が海外のチームを招いたのは今回が初めてではありませんが、それまでと違ったのは、日本人と同じ体格の彼らが、体の小さな日本人には無理だと思われていた高度なプレーを次々とやってのけたことです。この時、ハワイチームの案内役を担当していた竹崎道雄は、彼らのドリブル技術について次のように回想しています。(21)

「ドリブルをちょっとやってみてほしいとたのんだところ、それをやってくれた。ところが話をしながらやっていて全然ボールを見ないんだ。それまでの日本ではドリブルといえば球を見てやるものばかりだったから、びっくりしたし、なるほどこれだとも思ったりした。」

ハワイチームが披露したドリブルのうち、まず日本人の関心を惹いたのは「全然ボールを見ない」という点でしたが、彼らのドリブル技術の特徴はそれだけではありませんでした。竹崎が「ドリブルは自分の目の前のほうでつくということを教わったからね、相手を前に置いて自分の横や後のほうでドリブルするなんて日本の選手の頭の中には全くなかった。(22)」と語っているように、ハワイチームのメンバーは「自分の横や後」などさまざまな位置でドリブルができたのです。いまだにボールを見な

図6－9　ハワイ日系2世チームの来日特集号の表紙（『バスケットボール』9号、1950.10）

がら体の正面でドリブルをついていた日本人の眼には、ハワイチームの繰り出すドリブルは異次元の技術に映ったに違いありません。

同時期のバスケットボールの指導書をみると、依然としてボールを視野に入れてドリブルするように奨められていました。例えば、「眼はボールと前方の状態を共によく見える様にしなければならぬ(23)」、「ボールを全然見ないで、手の感覚だけでドリブルする事も殆んど不可能に近い(24)」、「目は前方と、ボールとを共に見るようにする(25)。」といった解説が並びます。

それでは、日本人と同じ体格のハワイ二世チームの巧みなドリブル技術は、一体どのような要素に支えられていたのでしょうか。この時、日本学生チームのコーチとして彼らの技術を目の当たりにした畑龍雄は、そのことを解明する重要な手掛りを以下のように書き綴っています(26)。

「ハワイ・チームから我々が一番感銘を受けたのは彼らのドリブルの技術である。（中略）彼らのドリブルの秘訣は上陸後初めて練習したときの言葉『日本のボールではドリブルはできない』によつてうかがえるだろう。日本のボールはいびつでどこへ弾むかわからないからという彼らの言い分だがボールを見ながらドリブルする日本のプレーヤーには実感がない。ボールから全く目を放した彼らのドリブルを見てはじめてなる程と共鳴することができる。」

畑の見解によって、ハワイチームと日本人のドリブル技術を隔てた主な理由として、両者が日頃使用していたボールの性能が浮かび上がってきます。

そのことをより一層明確にしてくれる史料が今に残されています。この時、ハワイチームのコーチを務めたフランシス相坂は、『スポーツニッポン』新聞（昭和二五年三月一一日付）が企画した座談会の中で次のような感想を洩らしました。相坂のコメントは、「球のことですが、日本の球とアメリカの球を比べると、アメリカの球は完全に丸いから調子よくドリブルするが、日本の球は転々として……はつきりいえばはずみが自分の予期する以上にはずんで来るので球を見ずしてドリブルすることが出来ない[27]。」というものでした。

当時の日本で用いられていたバルブ式の手縫いのボールは、完全な球体ではなかったためにドリブル中にイレギュラーが発生し、それを体験したハワイチームの選手は「日本のボールではドリブルはできない」と感じ、コーチの相坂は「球を見ずしてドリブルすることが出来ない」「自分の予期する以上にはずんで来る」と述べたわけです。

ならば、彼らは日頃、日本のボールよりも高性能のボールを使用していたのでしょうか。アメリカのバスケットボールの使用球の歴史を遡ってみると、一九三〇年代には手縫いのボールではなく鋳型製造によるボールが登場し、これが国内において急速に普及していったと言われています。[28] このボールは今日用いられているボールに近い性能を備えていたので、昭和二五（一九五〇）年に来日したハワイ二世チームは、この時点で日本人よりもはるかに良質なボールを用いていた可能性が高いのです。

畑龍雄は「我々は彼らのプレーを網膜にしつかりつかまえてこの『人球一体』のドリブルを何とか日本のバスケットボールに植えていかなければと思う。[29]」と述べて、目を閉じてドリブルするなどの練習法を提案しています。しかし、日本人のドリブル技術はボールの性能から大きく影響を受けていたのですから、この時まずもって取り組むべきは、日本国産のボールの性能を少しでも引き上げることだったと言わなければなりません。

幸いにも、この頃の日本では、すでに新しいタイプのボールの開発が進んでいました。

変わるボール、変わる技術

昭和二五（一九五〇）年、革貼りボール「シムレス」がタチカラ社によって開発されました。[30] 従来の手縫い製法とは違って、ゴムチューブの上に革を貼っていくことで球体に近づけたボールです。手縫いではありませんので、ボールの変形も最小限に食い止められます。タチカラ社は開発の段階で試作品を度々早稲田大学バスケットボール部に持ち込み、現場の声を聞いていました。実際に提供を受けていた学生の証言からも、その試作品が手縫いではなく、革を貼って作るボールだったことがわかります[31]。

　この製法の改良が、ボールの性能に一大変革をもたらしました。雑誌『バスケットボール』（昭和三〇年八月号）に掲載された「ボールの出來るまで」というルポルタージュの中から、新旧のボールの製造法を比較している部分を抜き出してみましょう[32]。

図6－10　タチカラ製の「シムレス」バスケットボールの広告（『バスケットボール』14号、1954. 1）

「皮は天然的のものであるから、内部の繊維が不均一であり、これを縫い合わせるわけだから、矢張り球型に作ることは不自然であり、不可能になるとのこと。それで皆様御存知の通り、八枚の皮にして張る様になったのはどうか？　と云うことを伺ってみた。『球面を均一にわると云うと六等分か八等分が最も原則で、しかもやさしい一番良い方法であり、バスケットボールでは、八等分が一番原則で無理のないやり方である。』」

この文面は、記者の質問にボール製造工場の社員が回答したものですが、これによると手縫いの製法では不可能だった「球型」が、「八枚の皮にして張る」という方法によって可能になったと見ることができます。タチカラ社が開発したボールは、かねてから問題だった「いびつ」さが解消され、より完全な球体に近づいていたのです。

『バスケットボール』（昭和二九年一月号）誌上に初めて掲載されたタチカラ社製の「シムレス」の広告には、「型嵌製法による正しい球形」と銘打たれています（図6－10）。新製法によって球体に近い形状を手に入れた革貼りボールの登場は、同時にイレギュラーしにくいボールの誕生を意味していました。このドリブルしやすいボールは、瞬く間に世間に普及していきます。昭和二九（一九五四）年の第九回国民体育大会では、タチカラ社のシムレスがバスケットボール競技の公認球に採用されました(33)。

革貼りボールを好意的に歓迎したのは、バスケットボール界だけではありません。バレーボール界でも、耐久性があって変形しない革貼りボールは待望のアイテムでした。昭和二九（一九五四）年、日本バレーボール協会は、従来品の手縫いボールを公認球に据え置きながら、革貼りボールを準公認球として指定します。日本バレーボール協会用具委員長だった高橋哲雄は、「このボールはゴムチューブの上に布を張り更に皮を張つたもので、特徴はやはり変形しないこと、耐久性のあること、空気の出し入れが便利である点等ですが、反面叉その触感等に稍従来のボールと異つた感じがあります。本ボールの出現は吾がバレー界にとっては一大革命であります。[34]」と述べました。触感の違いという点で、やや慎重な姿勢を見せながらも、大筋では新製法のボールを絶賛しています。

この後、バレーボール界ではタチカラ社のシムレスを含む日本製のボールが、昭和三九（一九六四）年の東京オリンピックを皮切りにオリンピック公式使用球として数大会にわたって採用されることになりました。

図6－11　タチカラ社製の「シムレス」バレーボールの広告（『バレーボール』10巻1号、1956.1）

手縫い製法から新製法へと移行したことで、ボールの大量生産が可能になりました。[35]ボールの大量生産は価格の低廉化を招き、人々の手にボールが行き渡りやすくなります。とあるスポーツが普及するためには、良質の用具が安定供給されることが重要な条件ですが、ボールの改良によってその条件が満たされた事例です。

話をバスケットボールに戻しましょう。革貼りボールは完全な球体に近い形状でしたが、この変形しにくくイレギュラーしにくいボールの登場は、ドリブル技術に変化をもたらすことになりました。ボールが正確に跳ね返るようになったことで、ドリブラーは「視覚」だけに頼らなくても手の「感覚」でボールを扱うことが可能になり、必ずしも体の正面でドリブルをする必要がなくなったのです。

その変化は昭和三〇年代に現れます。この頃に出版されたバスケットボールの指導書には、ドリブルを用いてボールをキープする技術や、ドリブルを武器に得点する技術が紹介されるようになりました。[36]

昭和三〇年代になって、ドリブルは単なる急場しのぎのプレーの段階を脱してボールキープの役割を担い、さらには得点に直結する攻撃的な技術にまで昇華していったのです。この技術的な発達の背景には、革貼りボールの普及という用具事情が関係していたことは言うまでもありません。

本章では、わかりやすい事例としてバスケットボールを取り上げましたが、近代になって日本人が出会った多くのボールゲームで、ボールと技術は絶えず影響を及ぼし合っています。古代、中世、近世がそうであったように、プレーヤーのパフォーマンスを縁の下で支えていたのは、いつの時代も「ボール職人」でした。

4 「みる」ボールゲームの時代へ

増える観覧席

本章の冒頭でも触れましたが、特に野球は、大観衆を収容できる球場の建設が戦前から進んでいました。しかし、ボールゲーム全般を見渡すと、観覧席を備えた競技場の設置は簡単ではなく、むしろ野球はレアケースだったようです。

戦前から戦後にかけて、比較的安定した人気を獲得していたインドアのボールゲームがバスケットボールです。といっても、体育館が不足していた戦前の日本では、多くの人々がバスケットボールをアウトドアスポーツとして楽しんでいました[37]。

戦後、バスケットボールの専用コートが全国各地に建設されるようになります。昭和二五（一九五〇）年の文部省（当時）による『全国体育施設一覧』という調査記録から、当時の実情を振り返ってみましょう。

この調査では、あらゆるスポーツ施設を一緒くたにはせずに、競技種目や用途別に分類されていますが、その一つに「籠球場」という種別が立てられています。表6－1をみると、本調査には学校施設も対象に含まれていますが、昭和二五（一九五〇）年の時点で日本には五〇を超える籠球場が設置

表6－1 『全国体育施設一覧』（一九五〇）にみるバスケットボール競技場

都道府県	市町村	名称	管理者	創設年月	観客収容（人）
北海道	空知郡砂川町	籠球場	東洋高圧	昭和二三年六月	
	札幌市大通西	籠球場	札幌市バスケット協会	昭和二三年八月	
	旭川市常盤公園	旭川市常盤公園籠球場	旭川市	昭和二四年七月	一〇〇〇
	後志郡余市町	水産試験場コート	日本果汁会社	昭和二三年八月	一五〇〇
青森県	青森市浦町橋本	籠球場	学校長	昭和二四年七月	二〇〇
	弘前市富田字大野一	籠球場	厚生学院	昭和二三年一〇月	一〇〇
	弘前市馬尾町	籠球場	青森県立弘前工業	昭和一八年六月	無し
	北郡板柳小学校	籠球場	小学校長	昭和一〇年四月	五〇〇
	上北郡三本木町	籠球場	学校長	昭和二三年六月	一〇〇〇
	下北郡田名部町	籠球場	田名市高校	昭和二一年四月	三〇〇
	南郡藤崎町	藤崎籠球場	藤崎町	不明	二〇〇
福島県	福島市	籠球場	日東紡績福島工場	昭和二三年四月	二〇〇
宮城県	亘理郡吉田村字松元	籠球場	村長	昭和二三年九月	五〇〇
	登米郡登米高校	籠球場	学校長	昭和五年四月	二〇〇
茨城県	日立市大字助川会瀬	会瀬籠球コート	日立製作所日立工場	昭和二三年九月	二〇〇〇
	水戸市東町	水鉄籠球場		不明	三〇〇
群馬県	山田郡相生村新田	小倉製作所籠球場	小倉弘士	昭和五年	

	山田郡相生村	相生中学籠球場	相生校長	昭和二四年	二〇〇〇
埼玉県	川越市郭町	籠球場	川越市	昭和二二年	
	川口市大字里	川口高校	川口市教育委員会	昭和一八年四月	
	川口市青木町	川口女子高校	川口市教育委員会	昭和二一年四月	二〇〇
	川口市弥生町	民生産業運動場	工場長	昭和二二年六月	一〇〇〇
千葉県	印旛郡千代田町四街道	千葉県民体育館	県教委	昭和二四年五月	三〇〇
東京都	文京区本富士町	東京大学籠球場	東京大学	昭和一二年六月	無し
	世田谷区野沢町	籠球場	財団法人明薬学園	昭和五年八月	五〇〇
	世田谷区世田谷	籠球場	青葉学園	昭和四年五月	二〇〇
	世田谷区松原町	校庭内籠球場	日本学園	昭和二一年	無し
	中野区富士見町	籠球場	都立第五高校	昭和二三年九月	二〇〇
	中野区本町通	籠球場	東京経専森本秀吉	昭和二二年四月	
	石神井関町	籠球場	学校長	昭和二二年九月	
	練馬区向山町	バスケットコート	株式会社豊島園	昭和八年	
	北多摩郡小金井町貫井	屋外籠球場	東京第二師範校長	昭和二一年五月	二〇〇
	北多摩郡谷保村国立	バスケットコート	郵政省	昭和二二年一〇月	
	北多摩郡三鷹町下連雀	ルーズベルトレクリエーションセンター籠球場	櫻井長雄	昭和一五年一一月	一〇〇
	吉祥寺	籠球場	成蹊学園	昭和二三年九月	
	吉祥寺	籠球場	吉祥寺中学校長	昭和二一年九月	

富山県	高岡市定塚町古城公園内	総合グラウンド籠球場	高岡市	昭和二三年九月	五〇〇
山梨県	甲府市飯田町	山梨県営籠球場	山梨県知事	昭和一〇年五月	五〇〇
長野県	上田市	上田市営籠球場		不明	一〇〇〇
岐阜県	岐阜市長良	籠球排球場	岐阜県	昭和二四年三月	
静岡県	静岡市草薙	籠球総合運動場	静岡県	昭和一五年	三〇〇〇
愛知県	東春日井郡守山町	籠球場	三菱電機	不明	五〇〇
大阪府	堺市百舌鳥東町	中モズ籠球場	南海電鉄	昭和一二年四月	
奈良県	奈良県高市郡畝傍町	橿原籠球場	奈良県	昭和一三年六月	一〇〇〇
和歌山県	和歌山市今福	和歌山県バスケットコート	体育協会長	昭和二二年九月	二〇〇
島根県	西浜村	籠球場	西浜村	昭和二三年一〇月	一〇〇
	出雲市	出雲市籠球コート	出雲市体育協会	昭和二三年七月	二〇〇
山口県	小串字郷湯	籠球場	宇部市	昭和二四年三月	二〇〇
愛媛県	新居浜市星越町	星越総合運動場籠球場	井華鉱業株式会社別子鉱業所	昭和一七年四月	七〇〇
長崎県	長崎市本大工町	籠球場	長崎市	昭和二三年三月	二〇〇〇
大分県	中津市高畑	籠球場	中津一高　渋沢斌	昭和二一年三月	二〇〇〇
	中津市	籠球場	中津一高　渋沢斌	昭和二二年四月	一〇〇〇
	中津市中殿	籠球場	扇城高校	昭和七年一一月	三〇〇〇

出典：「籠球場」『全国体育施設一覧』文部省、一九五〇

※なお、本調査において不明な部分に関しては空欄のままとした。

されていました。昭和八（一九三四）年の文部省の調査では、バスケットボールの専用コートは全国に四つ程度にとどまっていたので(38)、この間、大きな進歩があったことがわかります。表に掲載されている施設の大半がいまだ屋外のコートだったと思われますが、常設のバスケットボールコートの著しい増加は、競技の人気を裏付けるものでしょう。

この調査にみられる籠球場の創設年と建設数に目を向けてみると、判明しているものだけでも昭和四（一九二九）年―一、昭和五（一九三〇）年―三、昭和八（一九三三）年―一、昭和一〇（一九三五）年―二、昭和一二（一九三七）年―二、昭和一五（一九四〇）年―二、昭和一七（一九四二）年―一、昭和一八（一九四三）年―二、昭和二一（一九四六）年―六、昭和二二（一九四七）年―六、昭和二三（一九四八）年―一五、昭和二四（一九四九）年―六、といった数字が確かめられ、戦後、籠球場の建設数が明らかに増えています。

しかし、この現象はバスケットボールを「する」場所の増加だけを意味しているのではありません。調査項目の中には、観客収容数が含まれています。一覧から見える観客収容数は一〇〇人から三〇〇〇人までと幅広く、一〇〇〇人を超える観客を収容可能な競技場も少なくなかったようです。しかも、観客収容一〇〇〇人以上の競技場の多くは、戦後になって創設されています。

ここで取り上げた競技場がそれぞれインドアだったか、アウトドアだったか明確ではありませんが、戦後になって、日本人がバスケットボールを「みる」対象としても強く意識するようになり、そのことが観覧席の設置へと向かわせたことは想像に難くありません。

テレビメディアの登場

昭和二〇年代末から四〇年代にかけて、日本は高度経済成長期を迎えます。戦後の荒廃から立ち上がり、社会全体としての豊かさを手に入れた日本人は、余暇の消費手段としてスポーツに一層の関心を向けるようになりました。

とくに、テレビがお茶の間に普及してからは、一般人のエンターテインメントとして大相撲、プロレス、プロ野球などのプロスポーツビジネスが発展します。大鵬、力道山、長嶋、王といった国民的スターが火付け役となり、スポーツ情報の商品化が進行していったのです。繁華街に設置された街頭テレビには、野球、相撲、ボクシングなどの人気のスポーツ中継が映し出され、黒山の人だかりができました。「テレビ桟敷」という言葉も生まれます。

実際に、テレビの受信契約数の記録を遡ると、昭和二六（一九五一）年に八六六件だった契約数が、三〇（一九五五）年には一六万五六六六件、さらには三三（一九五八）年には一〇〇万件に届き、三六（一九六一）年には一〇〇〇万件を突破しています。[39] この驚異的な契約数の伸び率は、テレビの需要が価格の低廉化を実現したことを裏付けるものでしょう。そこには、スポーツを自宅で（しかも入場料を払わずに）観戦したいという消費者の心情が働いていたことは言うまでもありません。

こうした社会的な背景をもって、競技場に足を運ばなくてもボールゲームの試合を観戦できる環境が整い、テレビの前の日本人はスポーツ中継にのめり込んでいきます。その象徴が、昭和三九（一九六四）年の東京オリンピックの女子バレーボールです。日本vs.ソ連の決勝戦では、多くの日本人がテレビにかじりついて応援しました。六六・八％という驚異的な視聴率は、日本のスポーツ中継史上でいまだに破られていない大記録です。日本中の注目が東京駒沢のバレーボールコートに集まるなか、日本代表チームは見事に金メダルを獲得します。

実は、戦後のテレビ中継のはじまりは、ボールゲームと大いに関係がありました。昭和二五（一九五〇）年よりＮＨＫは実験放送としてテレビ実況中継を行いますが、実験段階からプロ野球の試合が画面に映し出されていたのです。日本のテレビとボールゲームとは、最初から良縁を結んでいたと言えそうです。

試合を持ち運ぶ時代へ

時は巡って、二一世紀にインターネット回線が世界中を網羅すると、スポーツを観る環境は劇的に変化します。海外のサッカーやバスケットボールの試合をリアルタイムで観戦したり、動画配信サイトに接続して好きな時に好きなだけ試合観戦を楽しめるようにもなりました。スマートフォンが普及してからは、移動しながら手のひらで試合を持ち運ぶことも可能になります。

平成二八（二〇一六）年開幕のプロバスケットボールリーグ（Bリーグ）は、スマートフォンの普及に目を付けた巧みなマーケティング戦略によって潜在的なバスケットボールファンを掘り起こし、確固たる人気を獲得しました。同じボールゲームの出来事として、令和元（二〇一九）年にアジア初のラグビーのワールドカップが日本で行われています。日本代表は"ONE TEAM"を合言葉に世界の強豪と互角に渡り合い、空前のラグビーブームを巻き起こしました。

東京オリンピック開催を控え、上り調子だった日本のスポーツ界を震撼させたのが、世界中を混乱の渦に巻き込んだ新型コロナウィルスという見えない敵でした。令和二（二〇二〇）年三月の時点で、東京オリンピック・パラリンピックは令和三（二〇二一）年に延期となり、春先のプロスポーツは軒並み興行中止や開幕延期、さらには高校生のひのき舞台である甲子園やインターハイも中止に追い込まれます。こうした前代未聞の出来事は、スポーツが不滅のコンテンツではないことを知らしめました。江戸の人々が教えてくれたように（第4章参照）、スポーツは世の中の平穏を前提に成り立っているのです。

一方、「リモート〇〇」「オンライン〇〇」など、新たな生活スタイルが提示されていくなかで躍進のチャンスを見出したのがeスポーツ（エレクトロニックスポーツ）です。すでに大規模な市場を持つeスポーツでしたが、サッカー、バスケットボール、テニスなど、人気のボールゲームを巣ごもり中のスター選手たちがゲーム機を握って画面上で楽しむ姿は、コロナ禍を足掛かりにした新たな展開を予見させるには十分でした。無観客の試合形態の時期を経験したいま、ボールゲームファンにとってインターネット回線を経由した電子機器は酸素ボンベだと言っても過言ではありません。

ただし、テレビにも言えることですが、私たちが画面を通して見ている試合映像は、切り取る場面やアングルなど、メディアによって取捨選択された情報です。実況、解説、選手のパーソナルデータなど、画面上で多くの情報が得られる利点がある反面、競技場での生の観戦ならではの臨場感まで丸ごと受信することはできません。世の中が平常を取り戻し、スポーツの試合でも「三密」を気にせずに大観衆を詰め込めるようになった時、果たして競技場に足を運ぶ人は増えるのでしょうか。それとも、リモートの観戦スタイルがそのまま王座につくのでしょうか。

人々の価値観が大きく変わるいま、「ボールと日本人」の関係も、大きな曲がり角に立たされています。

〈文献〉

（1）園部暢「球技時代」『球技』二巻二号、一九三三、六―七頁

（2）文部省競技スポーツ研究会編『「みるスポーツ」の振興』ベースボール・マガジン社、一九九六、三五頁

（3）明治神宮奉賛会編『明治神宮外苑志』明治神宮奉賛会、一九三七、一七五―一七六頁

（4）岸野雄三「スポーツの技術史序説」『スポーツの技術史――近代日本のスポーツ技術の歩み――』大修館書店、一九七二、二六頁

（5）ネイスミス著、水谷豊訳『バスケットボール――その起源と発展――』ＹＭＣＡ出版、一九八〇、一二三頁
（6）ネイスミス著、水谷豊訳『バスケットボール――その起源と発展――』ＹＭＣＡ出版、一九八〇、一二三頁
（7）高橋忠次郎『籠毬競技』榊原文盛堂、一九〇四、一三頁
（8）白井規矩郎『体操と遊戯の時間』啓成社、一九一〇、八二一頁
（9）玉沢敬三編『東京運動具製造販売業組合史』東京運動具製造販売業組合、一九三六、二六七頁
（10）「サッカーボールとともに三八年」『日本運動具新報』三七九号、一九六三、一九頁
（11）「座談会　協会設立以前のバスケットボール」『バスケットボールの歩み――日本バスケットボール協会五〇年史――』日本バスケットボール協会、一九八一、五四頁
（12）青野浩一「私とバスケットボール」『京都バスケットボール協会創立70周年記念史』京都バスケットボール協会、一九九七、一五四頁
（13）大阪市役所教育部『體操科用品規格』大阪市役所教育部、一九二九、一―二頁
（14）「座談会　今昔物語」『バスケットボール』一三号、一九五三・一〇、五三頁
（15）増田高昭「戦後の部生活から」『ＲＤＲ60』早稲田大学ＲＤＲ倶楽部、一九八三、二二二頁
（16）谷釜尋徳「日本におけるバスケットボールの競技場に関する史的考察」『スポーツ健康科学紀要』六号、二〇〇九、二一―三八頁
（17）李想白『指導籠球の理論と実際』春陽堂、一九三〇、二八一頁
（18）牧山圭秀・前田豊編『籠球・排球』旺文社、一九四八、五一頁
（19）「座談会　競技のトレーニング」『ＯＬＹＭＰＩＡ』二巻四号、一九六一、六頁
（20）宮田覚造・折本寅太郎『籠球競技の指導』日本體育學會、一九三五、二五頁
（21）「座談会　戦後の復活から東京オリンピックまで」『バスケットボールの歩み――日本バスケットボール協会五〇年史――』日本バスケットボール協会、一九八一、一六四頁

(22)「座談会　戦後の復活から東京オリンピックまで」『バスケットボールの歩み――日本バスケットボール協会五〇年史――』日本バスケットボール協会、一九八一、一六五頁
(23) 牧山圭秀・前田豊編『籠球・排球』旺文社、一九四八、五一頁
(24) 小澤久雄『學校籠球』明星社、一九四九、九〇頁
(25) 井上一男『バスケットボール――チームプレーの練習法――』金子書房、一九四九、三九頁
(26) 畑龍雄「ハワイ・チームに学ぶ」『バスケットボール』九号、一九五〇、四頁
(27)「ハワイ籠球選手と語る　下」『スポーツニッポン』一九五〇・三・一一付
(28) Thomas A. Knudson, *The Ball, The Evolution of Men's Amateur Basketball Rules and the Effect upon the game*. A Dissertation Presented to the Faculty of Springfield College, 1972. pp. 147–150
(29) 畑龍雄「ハワイ・チームに学ぶ」『バスケットボール』九号、一九五〇、四頁
(30) 東京スポーツ用品卸商協同組合編『組合六十年史』東京スポーツ用品卸商協同組合、一九七九、三三九頁
(31) 増田高昭「戦後の部生活から」『ＲＤＲ60』早稲田大学ＲＤＲ倶楽部、一九八三、二二三頁
(32)「ボールの出來るまで」『バスケットボール』二二号、一九五五、三七頁
(33)『日本運動具新報』一五七号、一九五四、一頁
(34) 高橋哲雄「用具の革命時代がくるか」『バレーボール』八巻四号、一九五四、八頁
(35) アルシーヴ社編『ボール球体的快楽』ＩＮＡＸ、一九九一、五五頁
(36) 佐々木茂『図説バスケットボール』不昧堂書店、一九五九、一〇四―一一〇頁／青井水月『バスケットボール』ベースボール・マガジン社、一九五九、三六頁／井上一男『コーチ学（バスケットボール編）』逍遙書院、一九六一、一三三―一四七頁
(37) 谷釜尋徳「日本におけるバスケットボールの競技場に関する史的考察」『スポーツ健康科学紀要』六号、二〇〇九、二一―三八頁

（38）『本邦一般社会ニ於ケル主ナル体育運動場調』文部大臣官房体育課、一九三四

（39）『生活水準の歴史的推移』総合研究開発機構、一九八五、三一四—三一五頁

おわりに

本書を通して、一〇〇〇年を超える悠久の時間の中で、日本のさまざまな階層の人たちがボールゲームを楽しむいきいきとした姿が浮かび上がってきました。現代のボールゲームの盛況ぶりは、時空を超えて脈々と受け継がれた蓄積のうえに位置づけることができます。

古代に海外から日本へもたらされた外来のボールゲームは、度重なる改良を経て発達し、時に〝ニュースポーツ〟も誕生しました。その伝統は、明治期を迎えて欧米産のボールゲームにすぐさま取って代えられたかに見えますが、日本人が積み重ねた歴史的な遺産が消えてなくなったわけではありません。野球、バスケットボール、サッカー、バレーボール、テニスなど、近代的なボールゲームを構成するエッセンスのいくつかは、日本型のボールゲームの中に確実に備わっていたからです。その後、近代ボールゲームを器用に取り込んだ日本人は、試行錯誤の時代を経て国際舞台へと羽ばたいていきました。

魅力あるボールゲームの世界は、政治の表舞台にも度々登場しました。古代には「打毬《くえまり》」が大化改新に繋がる謀《はかりごと》を促す役割を果たし、中世には蹴鞠が戦国武将同士の社交の手段にもなります。近世の武家社会では士風の荒廃を改める政策として打毬が採用され、近代には外国からの要人をもてなすために宮中で打毬の試合が披露される一幕もありました。現代でも、日米首脳のゴルフ外交などはよく目にする光景です。日本では、ボールゲームと政治は良縁を結んできたと言えそうです。

日本古来のボールゲームと今日のボールゲームは、時代を通貫した一本の直線で結ぶことができる世界観を持っています。長きにわたって社会の各階層に受け継がれた伝統が、ボールゲーム好きな日本人のマインドを形成し、これまで維持されてきたのです。

現在のところ、ボールゲームの王座に就いているのは欧米由来の近代スポーツですが、この傾向が未来永劫続くとは限りません。別のテイストのスポーツ文化が世界を席巻し、新しいボールゲームの波が押し寄せ、スタンダードとして定着する可能性も十分にあり得ます。もっとも、歴史上、二度にわたって海外からボールゲームの移入を経験し、世の中の変化に対応させながら自国文化に取り込んできた日本人にしてみれば、新時代の潮流を受け入れて思考をシフトする作業などはお手の物でしょうか。

とにかく、世の中に〝ボール〟があり続ける限り、『ボールと日本人』の物語が終わることはありません。

最後に、前著『歩く江戸の旅人たち』に続き、本書の出版の機会を与えてくださった晃洋書房の吉永恵利加さんに厚く御礼申し上げます。

二〇二一年六月

谷釜尋徳

［国立国会図書館デジタルコレクション］
図5－4　美満津商店編『美満津商店懐中用定價表』美満津商店，1914，p. 1［著者所蔵］
図5－5　広瀬謙三『日本の野球史』神奈川時事新報，1967年
図5－11　『バスケットボールの歩み――日本バスケットボール協会50年史』，日本バスケットボール協会，1981年
図6－4　Official A. A. U. basketball guide, American Sports Pub, 1894
図6－6　李想白『指導籠球の理論と実際』春陽堂，1930，p.281［著者所蔵］
図6－8　鈴木重武「規格委員会報告（昭和六年九月以降）」『籠球』3号，1932. 2，p.112［著者所蔵］

図4－1　国郷『江戸両国回向院大相撲之図』若与，1857年［国立国会図書館デジタルコレクション］

図4－2　国輝『富士山諸人参詣之図』1865年［早稲田大学図書館所蔵］

図4－3　『江戸遊戯画帖』（石投子）［横浜市歴史博物館所蔵，『江戸風俗絵巻――描かれたあそびとくらし』横浜市歴史博物館，2004年，p.104］

図4－4　『風流おさな遊び』［中城正堯『江戸時代　子ども遊び大事典』東京堂出版，2014年］

図4－5　義浪『拳会角力図会　二巻』河内屋太助，1809年［国立国会図書館デジタルコレクション］

図4－7　斎藤月岑ほか編・長谷川雪元旦画『江戸名所図会　巻之三』須原屋源助，1834年［国立国会図書館デジタルコレクション］

図4－8　禿帚子『絵本江戸紫』須原屋茂兵衛，1765年［国立国会図書館デジタルコレクション］

図4－9，4－25　喜田川守貞『守貞漫稿　巻之二十八』（写本）［国立国会図書館デジタルコレクション］

図4－10　秋里籬島『拾遺都名所図会　巻之二』須原屋平左衛門，1787年［国立国会図書館デジタルコレクション］

図4－11　J. Morris, *Advance Japan : A Nation Thoroughly in Earnest,* W. H. Allen, 1895

図4－12　秋里籬島『都林泉名勝図会　巻之一』須原屋善五郎，1799年［国立国会図書館デジタルコレクション］

図4－13　秋里籬島『摂津名所図会　六巻』小川太左衛門，1796年［国立国会図書館デジタルコレクション］

図4－14　葛飾北斎『北斎漫画　1編』片野東四郎，1878年［国立国会図書館デジタルコレクション］

図4－16　Aimé Humbert, *Le Japon illustré*（*t.2*），Libr. de L. Hachette, 1870

図4－17，4－26　Stewart Culin,*Korean Games : With Notes on the Corresponding Games of China and Japan,* University of Pennsylvania, 1895

図4－18　菱川師宣『和国諸職絵つくし』（写本）1685年［国立国会図書館デジタルコレクション］

図4－19　中川五郎左衛門『江戸買物独案内　下巻』山城屋佐兵衛，1810年［国立国会図書館デジタルコレクション］

図4－20　歌川国芳『菊川国丸の曲鞠』［府中市美術館編『歌川国芳　奇と笑いの木版画』東京美術，2015年，p.162］

図4－21　歌川国芳『流行猫の曲手まり』［府中市美術館編『歌川国芳　奇と笑いの木版画』東京美術，2015年，p.163］

図4－22　菊池貫一郎『江戸府内絵本風俗往来　上編』東陽堂，1905年［国立国会図書館デジタルコレクション］

図4－27　森島中良『紅毛雑話　巻之一』塩屋喜助，1787年［国立国会図書館デジタルコレクション］

図4－30　『絵本大和童』［中城正堯『江戸時代　子ども遊び大事典』東京堂出版，2014年，p.66］

図5－1　F. W. Strange『OUTDOOR GAMES』丸家善七，1883年，p.37

図5－2　坪井玄道・田中盛業編『戸外遊戯法　一名戸外運動法』金港堂，1885年，78帖

図版出典一覧

図１－１　『三才図』［邵文良編『中国古代のスポーツ』ベースボール・マガジン社，1985年，p.125］
図１－２　土佐光吉『源氏物語絵色紙帖　若菜上　詞菊亭季宣』［京都国立博物館所蔵，ColBase（https : //colbase.nich.go.jp/）］
図１－３　「年中行事絵巻」田中有美編『年中行事絵巻考　巻３』田中文庫，1920年［国立国会図書館デジタルコレクション］
図１－４　『便橋会盟図』［邵文良編『中国古代のスポーツ』ベースボール・マガジン社，1985年，p.152］
図１－５　『仕女図』［邵文良編『中国古代のスポーツ』ベースボール・マガジン社，1985年，p.160］
図１－６，４－６，４－24，４－28　山東京伝『骨董集』文溪堂，1813年［国立国会図書館デジタルコレクション］
図１－７，１－９～１－14　藤原光長『年中行事絵巻　第６巻』谷文晁（写本）［国立国会図書館デジタルコレクション］
図１－15　近藤清春「今様職人尽百人一首」稀書複製会編『今様職人尽百人一首』米山堂，1928年［国立国会図書館デジタルコレクション］
図２－１　『男衾三郎絵詞』［国立国会図書館デジタルコレクション］
図２－４　『行幸北山殿蹴鞠記』（応永15年３月８日・１巻）［宮内庁書陵部所蔵］
図２－５　『鳥獣人物戯画　丁巻』［高山寺所蔵］
図２－６　『紙本著色西行物語絵詞　１巻』［文化庁所蔵，小松茂美編『日本の絵巻19　西行物語絵巻』中央公論社，1988年，pp.24–25］
図２－７～２－９　『打毬図』［東京国立博物館所蔵，ColBase（https : //colbase.nich.go.jp/）］
図２－10，２－11，２－14　『月次風俗図屏風』［東京国立博物館所蔵，ColBase（https : //colbase.nich.go.jp/）］
図２－12，２－15　伝土佐光吉筆『十二ヶ月風俗図』正月（部分）［山口蓬春記念館所蔵］
図２－13，４－29　一条兼良『世諺問答　上』安田十兵衛，1663年［早稲田大学図書館所蔵］
図２－16，２－17　東坊城和長『職人尽歌合　３巻』谷岡七左衛門，1657年［国立国会図書館デジタルコレクション］
図３－１　Aimé Humbert, *Le Japon illustré*（*t.1*）, Libr. de L. Hachette, 1870, p.345
図３－２　岡三鳥編『江戸遊覧花暦　巻之一』青藜閣，1837年，22帖［早稲田大学図書館所蔵］
図３－３～３－５　宮内省主馬寮編『打毬ノ由来　附　打毬規定』宮内省主馬寮，1934年［著者所蔵］
図３－７　楊洲周延『幕府時代之打毬之図』1888年［霞会館編『騎馬打毬』霞会館，2009年，pp.14–15］
図３－８　楊洲周延『千代田之御表　打毬上覧』福田初次郎，1897年［国立国会図書館デジタルコレクション］
図３－９，４－15，４－23　Alcock, Rutherford, *The capital of the tycoon : a narrative of a three years' residence in Japan*,Bradley Co, 1863
図３－10，３－11　「青崖埒打毬之図」坂昇春『赤坂御庭図画帖』［和歌山市立博物館所蔵］

《著者紹介》

谷釜尋徳（たにがま　ひろのり）

東洋大学法学部教授
日本体育大学大学院　博士後期課程修了
博士（体育科学）
専門はスポーツ史。
著書に、『歩く江戸の旅人たち』（晃洋書房、2020）、『江戸のスポーツ歴史事典』（柏書房、2020）、『オリンピック・パラリンピックを哲学する』（編著、晃洋書房、2019）、『籠球五輪』（共編著、流通経済大学出版会、2020）、『そんなわけでスポーツはじめちゃいました！』（監修、主婦の友社、2021）など。

ボールと日本人
——する、みる、つくる　ボールゲーム大国ニッポン——

2021年８月10日　初版第１刷発行　＊定価はカバーに表示してあります

著　者　谷　釜　尋　徳©
発行者　萩　原　淳　平
印刷者　藤　森　英　夫

発行所　株式会社　晃　洋　書　房
〒615-0026 京都市右京区西院北矢掛町７番地
電話　075(312)0788番(代)
振替口座　01040-6-32280

装丁　尾崎閑也　印刷・製本　亜細亜印刷㈱

ISBN978-4-7710-3512-6